더 나은 삶은
오늘의 한 걸음에서
시작된다

더 나은 삶은
오늘의 한 걸음에서
시작된다

고선해 지음

공감S

추천사

삶을 다시 그리고 싶은
당신을 위한 친절한 설계도

이 책의 저자, 고선해 소장님은 2007년 창원시 어린이집 연합회 원장 교육에 함께 출강한 인연으로 알게 되었다. 20여 년을 지켜본바, 저자는 따뜻한 마음과 긍정적인 마인드의 소유자다. 인간관계든 비즈니스든 장기적으로 바라보면서 목표를 설정한다. 즉결즉행의 놀라운 실행력과 함께 지치지 않는 힘으로 포기하지 않고 끝까지 실천하는 끈기를 갖고 있다. 이 책에는 저자의 이런 품성이 그대로 반영되어 있다.

《더 나은 삶은 오늘의 한 걸음에서 시작된다》는 단순한 자기계발서를 넘어, 삶의 방향을 다시 세우고자 하는 이들에게 실질적인 변화의 설계도를 제시하는 책이다. 유치원 교사, 원장, 강사, 연구소 소장, 작가로 거듭난 저자는 단단하고도 유연한 삶의 궤적을 통해 독자들에게 '긍정적인 마인드, 실천하는 삶'의 본질을 일깨워준다. 이 책은 일반적인 자기계발서와는 몇 가지 차이점이 있다.

첫째, 저자는 자신의 경험뿐 아니라 아들, 함께 일하는 연구원 및 고객인 원장님들의 생생한 실천 사례를 풍부하게 제시하고 있다. "권가를 해낼 수 있다는 최고의 증거는 누군가 그 일을 이미 해냈다는 사실을 확인하는 것이다."라는 버트런드 러셀의 경언처럼 독자들에게 모방하고 싶은 동기를 부여하고, 따라만 하면 인생을 얼마든지 바꿀 수 있다는 확신을 갖게 해준다.

둘째, '긍정적인 마인드'와 '감사'의 놀라운 힘을 생생하게 보여준다. 좋은 감사 습관이 개인의 행복을 넘어 조직의 문화를 어떻게 변화시키고 동료애를 강화하는지 실증적인 사례로 설명하며, 감사가 단순한 감정이 아닌 삶의 질을 높이는 강력한 도구임을 일깨워준다.

셋째, '독서'와 '매일의 작은 실천'이 평범한 삶을 특별하게 만드는 강력한 원동력임을 잘 보여준다. 거창한 목표가 아니라 매일 꾸준히 책을 읽고 글을 쓰는 등의 작은 노력이 어떻게 인생의 방향을 바꾸고 개인과 공동체의 성장을 이끄는지 보여주며, 독자들이 실생활에 적용할 수 있는 실질적인 방법을 제시한다.

내가 이 책을 읽으면서 개인적으로 가장 감동받은 내용은 '아들만을 위한 100일 낭독'이다. 저자는 서른이 된 아들에게 도움이 될 만한 책을 골라 15분 분량의 책 내용과 응원 메시지를 녹음한 파일을 100일 동안 매일 아침 보내주었다. 이로 인해 아들은 독서의 소중함을 깨닫고 책까지 출간한 작가가 되었으며, 인생의 방향을 바꿔 새로운 삶을 살아가고 있다. 내가 다시 아이를 키운다면 꼭 따라해 보고 싶은 실천 사례다.

저자는 미사여구를 화려하게 구사하거나 복잡한 이론을 제시하지 않는다. 저자의 글은 진솔하고 심플하고 소박하다. 그래서 더 읽기가 쉽고, 마음에 와닿아 설득력이 있다. 삶의 전환점 앞에 선 모든 이들, 특히 교육자, 부모, 리더, 그리고 제2의 인생을 준비하는 분들께 추천한다. 이 책은 '무의미한 오늘'을 '의미 있는 내일'로 이끄는 단단한 나침반이 되어줄 것이다!

- 이민규 심리학 박사
《끌리는 사람은 1%가 다르다》,《실행이 답이다》 저자

Prologue

인생을 날로 먹고 싶은 마음, 누구에게나 있다

"인생도 회처럼 날로 먹었으면 좋겠다."

어느 횟집 벽에 붙어 있던 문구다. 이 문장을 읽고 어떤 생각이 들었는가? 피식 웃음이 났는가, 아니면 지금 당신의 인생이 떠올랐는가? 나는 이 문장을 읽으면서 복잡하고 고된 인생을 조금은 쉽고, 가볍게, 노력 없이 즐기고 싶은 인간의 솔직한 욕망을 표현한 재치 있는 문장이라는 생각이 들었다.

물론 우리의 인생은 '회처럼 날로' 먹을 수 없다. 삶은 손질하면서 베이고, 찔리고, 때로는 뜨거운 불을 견뎌내야 비로소 깊은 맛을 낸다. 안정된 삶, 성공한 삶, 남들이 부러워하는 삶을 위해선 결코 시간과 노력, 인내가 필요하다.

나는 같은 길, 다른 명함의 삶을 살아왔다. 유치원 교사에서 원장, 강사, 연구소 소장, 작가까지. 10년 단위로 명함을 바꾸며 성장해 왔다. 그 바탕에는 늘 더 나은 삶에 대한 간절한 욕망이 있었다.

이 책을 쓰면서 '더 나은 삶'이 무엇인지 스스로에게 물었다. 답은 세 가지로 정리할 수 있었다.

첫째, 안주하지 않고 매일 성장하는 삶이다.
성장을 위해서는 독서와 배움이 필수다. 책을 읽고 강의를 들으며 5년, 10년, 20년 뒤 내가 되고 싶은 모습을 그려보았다. 그때를 위해 지금 무엇을 준비해야 할지 알게 되었고, 그 한 걸음이 나를 더 나은 삶으로 이끌었다.

둘째, 의미 있고 가치 있는 삶이다.
사람은 의미 있는 일을 할 때 행복해진다. 나는 내가 사랑하는 아이들이 행복하게 자랄 수 있도록 교육 프로그램을 개발하고 유치원·어린이집 원장님과 교사에게 필요한 자료를 만들어 아낌없이 지원하는 일을 한다.
나의 강점인 웃음, 긍정, 감사의 재능을 나누는 삶은 나에게 의미 있고 가치 있는 삶이다. 나누는 삶은 타인에게 유익을 주는 것 같지만, 사실 가장 큰 수혜자는 나였다. 내 삶이 의미와 보람으로 채워지기 때문이다.

셋째, 가슴 뛰는 삶이다.

가슴 뛰는 삶을 살기 위해선 자신의 강점을 발견하고, 그 강점을 발휘할 수 있는 일을 업으로 삼아야 한다. 나는 아이들을 가르치는 일이 가장 잘 맞았다. 그래서 그 일을 업으로 선택했다. 일을 즐기며 목표를 세웠고 하나씩 이루어 내며 가슴 뛰는 삶을 살아왔다.

60세부터 시작될 인생 3막은, 2막 인생을 꿈꾸는 이들을 도우며 그들과 함께 또 한 번 가슴 뛰는 삶을 살아가고 싶다.

흔들리는 이들에게 전하는 단단한 한 걸음

지금, 유아교육 현장은 큰 위기를 맞고 있다. 초저출산 시대. 원아는 줄고, 원 경영은 날로 어려워진다.

"아이들이 좋아서 원장의 삶을 선택했는데 앞으로 얼마나 더 할 수 있을까?"

"아이들이 없는 삶은 생각해 보지도 못했는데 원을 정리하게 된다면 무얼 하며 살아야 할까?

현장에서 들려오는 한숨과 고민은 내가 겪어온 삶과 드 맞닿아 있기에 더욱 절절하게 다가온다. 그래서 이 책을 쓰게 되었다. 천직이라 믿으며 유아교육인의 길을 선택한 당신이 희망을 잃지 않도록 돕고 싶었다. 기약 없는 '언젠가'를 기다리기보다 용기 있게 내디딘 한 걸음이 어떻게 내 삶을 바꿔왔는지를 전하고 싶다.

1장은 '더 나은 삶을 원하면서도 왜 우리는 준비를 미루는가'에 대한 물음에서 출발한다. 변화는 언젠가가 아닌 지금의 준비에서 시작한다. 익숙함에 머무르지 않고 나아갈 방향을 설정할 때 비로소 삶이 움직이기 시작한다는 것을 깨닫고, 지금 하나라도 시작해 보길 바란다.

2장은 역경이 어떻게 나의 경력이 되었는지, 교사와 리더로서의 경험이 어떻게 인생의 전환점이 되었는지를 이야기한다. 상처와 시련이 결국 나만의 자산이 되었듯 당신도 현재의 고통을 돌파할 수 있는 지혜를 얻을 수 있기를 바란다.

3장은 감사에 관련된 이야기다. 작은 감사에서 시작해 조직의 문화를 바꾼 실천적 경험을 통해, 감사가 어떻게 삶의 질을 높이고 행복을 끌어당기는지 전한다.

4장은 평범한 삶을 특별하게 바꾼 독서에 관한 이야기다. 책은 삶을 바꾸는 가장 강력한 도구다. 독서로 개인의 성장을 넘어 가족, 조직, 인생의 방향까지 바꾼 나의 이야기를 통해 독서를 삶에 적용하는 구체적 방법을 제시한다.

5장은 지금보다 더 나은 인생을 위한 한걸음에 관한 이야기다. 더 나은 인생은 거창한 변화에서 시작되는 것이 아니라 매일의 작고 성실한 실천에서 비롯된다. 다양한 삶의 영역에서 어떻게 변화의 씨앗을 심고 키워가는지 저자의 삶을 통해 들여다보고 독자 여러분의 인생에도 변화의 씨앗을 심어 보길 바란다. 이 책을 읽고 나면 당신도 '오늘의 한 걸음'이 충분히 가치 있다는 것을 느끼게 되리라 믿는다.

　이 책은 완벽한 사람의 성공기가 아니다. 매일 흔들리면서도 멈추지 않았던 한 사람의 기록이다. 삶의 전환점 앞에 선 당신에게, 그리고 삶의 방향을 고민하는 모든 이들에게 보내는 진심 어린 응원이다.
　인생은 날로 먹을 수 있는 것이 아니다. 제대로 손질하고, 기다리고, 요리하면 가장 맛있는 순간을 만날 수 있을 것이다.

2025년 여름,
고선해

차례

추천사
삶을 다시 그리고 싶은 당신을 위한 친절한 설계도 · 04

Prologue
인생을 날로 먹고 싶은 마음, 누구에게나 있다 · 09

제 1장

준비하지 않으면 '언젠가'는 오지 않는다

공부하면서 미래를 준비했다	21
오늘의 준비가 내일의 기회를 만든다	25
당신은 얼마짜리 사람인가?	29
더 나은 삶을 원하면서도 변화를 미루는 사람들	33
익숙한 숲이 주는 안정감 vs 정체되는 불안감	39
인생은 속도가 아니라 방향이다	42
그냥 미치면 바보가 되지만, 꿈에 미치면 신화가 된다	47

제 2장

역경이 경력이 되다

로또 당첨보다 더 큰 행운	55
상처가 사명이 되어	60
아이들이 행복한 세상을 살아갈 수 있도록	65
두 마리 늑대와의 대화	70
쉬워 보이던 자리의 무게	74
원장님, 드릴 말씀이 있어요	79
리더의 표정에 따라 조직의 분위기가 달라진다	83

제 3장

감사는 행복의 문을 여는 열쇠다

감사의 기적, 절망 속 한 줄기 빛이 되어	91
그럼에도, 감사합니다	95
억지로라도 감사해야 하나요?	99
팀원들과 함께 쓰는 감사일기	102
감사 챌린지 : 우리 원이 달라졌어요	108
감사 릴레이로 원의 문화가 바뀌다	113
감사의 눈으로 보면 행복은 어디에나 있다	120
하루부터 시작해서 100일까지	124

제 4장

평범한 삶을 특별한 삶으로 이끈 독서

책을 따라, 나를 찾아가는 여정	131
책 읽는 사람만이 황금알을 낳는다	134
책장을 넘기며 함께 성장하다	138
책이 사람을 바꾸고, 사람은 조직을 바꾼다	143
100억보다 가치 있는 독서 습관의 상속	154
사랑하는 아들만을 위한 100일 낭독	160
지금보다 더 나은 삶을 살기 위한 독서 원칙 만들기	167

제 5장

오늘의 한 걸음이 내일의 내가 된다

매일 한 줄, 나를 위한 글쓰기	175
내 운명은 오늘의 한 걸음으로 만들어진다	180
좋은 명언이 좋은 삶을 끌어당긴다	184
돈을 좇지 말고 따라오게 하라	190
기꺼이 주는 삶으로	195
인생 2막을 준비할 시간	200
인생 2막을 걷고 있는 사람들의 이야기	204

Epilogue 감사행성에 사는 기쁨 · 211
감사글 진심을 담아, 감사의 마음을 전합니다 · 215

성공은 준비와 기회의 만남이다.
- 오프라 윈프리

제1장

준비하지 않으면 '언젠가'는 오지 않는다

막연히 바라기만 하는 미래는 이루어지지 않는다. 꿈꾸던 미래는 준비된 자에게만 찾아온다. 언젠가 마주할 기회를 잡기 위한 준비는 오늘부터 시작해야 한다. 오늘의 준비가 어떻게 내일을 바꾸는지, 저자의 삶을 통해 이야기한다.

공부하면서
미래를 준비했다

2020년 1월, 코로나 팬데믹으로 인해 예정되었던 15회의 강의가 모두 취소되었다. 우리 연구소는 소장인 내가 강의를 해야만 수입이 발생한다. 그 수입으로 연구소를 운영하고 연구원들의 급여를 지급한다. 그러나 코로나로 인해 대면 강의가 어려워지면서 수입은 '0원'이 되었다. 6개월까지는 수입이 없어도 초조하지 않았다. 잠시 쉬어가자 생각했다. 하지만 7개월이 넘어서자 앞길이 막막하고 마음이 불안해지기 시작했다. 밤잠을 이루기 어려웠다. '이대로라면 연구소 문을 닫게 되는 건 아닐까?' 미래가 보이지 않는 어둠 속에 갇힌 기분이었다.

배움을 통한 미래 준비

코로나 장기화로 세상이 멈춘 듯한 시간을 보내면서 불안과 두려움이 커졌지만 나는 좌절할 수 없었다.

'어떻게 다시 시작할 것인가?'

나는 답을 찾기 위해 많은 책을 읽고 자료와 영상을 찾아보며 전략을 모색했다. 그 과정에서 만난 《김미경의 리부트》는 내게 중요한 방향성을 제시했다.

"좌절하지 말고, 걱정하지 말며, 물러서지 말고 다시 시작하라."
"세상은 끊임없이 변화하며, 그 변화 속에 새로운 기회가 있다."
"빠르게 배우고, 긍정적인 자세로 변화를 수용해야 한다."

이 말들은 나를 다시 일으켜 세웠고 멈추지 않고 앞으로 나아갈 힘이 되어주었다.

나에게 힘을 준 《김미경의 리부트》를 연구원들과도 함께 읽었다. 이어서 《트렌드 코리아》, 《관계우선의 법칙》, 《핑크펭귄》을 함께 읽으며 시장과 사회의 변화를 파악하고 방법을 찾는 데 집중했다. 전문가들의 예측대로 코로나는 장기화될 것이 분명했다. 이에 기존의 대면 강의 시스템을 버리고 신속하게 온라인 강의 시스템 구축에 나섰다. 수입은 여전히 없었지만, 우리는 장기적 관점에서 미래를 준비하기 위해 적극적으로 투자했다. 온라인 강의에 필요한 새 컴퓨터와 노트북을 구입했고,

대면 강의용 책상과 의자를 정리했다. 그 자리에는 대형 모니터와 새로운 장비들을 설치했다. 인터넷 환경도 최적화했다.

기술적 준비는 마쳤지만, 고객인 원장님들과 강사들은 온라인 강의에 익숙하지 않았다. 우리는 고객들이 온라인 강의 플랫폼 사용법, 온라인 소통법, 스마트폰 활용법 등을 기초부터 차근차근 배울 수 있도록 무료 강의를 실시했다. 고객들이 변화에 빠르게 적응할 수 있도록 돕는 필수 단계였다.

어둠 속에서 피어난 새로운 기회

어둠 속에서 새로운 기회를 찾아가다 보니 점차 희망이 보였다. 코로나로 인한 불확실성과 두려움 속에서도 우리는 멈추지 않았고, 리부트를 통해 변화에 빠르게 적응했다. 그 결과, 연구소는 코로나 수혜자가 되었다. 이제 우리는 전국을 순회하며 대면 강의를 하지 않는다. 모든 강의를 온라인으로 전환하여 이동 시간을 절약했다. 절약한 시간은 연구와 콘텐츠 개발에 투자했다. 덕분에 고객들에게 더 풍성하고 깊이 있는 교육을 제공할 수 있었다. 대면 강의 시 한계가 있었던 재능 나눔 강의도 활발히 진행할 수 있게 되었다. 고객들도 이제는 대면보다 온라인 강의를 선호한다. 이동 시간과 비용 절감은 물론 편안한 환경에서 수강할 수 있기 때문이다.

삶은 끊임없이 변화한다. 때로는 거센 폭풍처럼, 때로는 조용한 강물처럼. 위기와 도전은 계속될 것이다. 나는 두렵지 않다. 배움이라는 빛을 품고 당당히 걸어갈 것이다. 혹시, 당신도 변화를 두려워하고 있는가? 변화를 마주하고 있다면 당신에게 좋은 기회가 온 것이다. 잡아라. 그리고 나아가라. 기회를 놓치지 않는 사람들은 환경이나 상황을 탓하지 않고 활용한다.

오늘의 준비가
내일의 기회를 만든다

　교사 시절, '10년 안에 원장이 되겠다.'는 목표를 세웠다. 당시 나의 롤모델이었던 우리 원장님을 관찰하며 배우기 시작했다. 출근 직후엔 커피를 마시며 잠깐이라도 책을 읽으셨고, 일주일에 한 번은 한복을 곱게 차려입고 교실에서 아이들에게 다도를 가르치셨다. 교사들에게 가장 까다로운 부모님 명단을 받아 직접 상담하며 관리해 주시고, 월급을 받는 원장이셨지만 사비로 교직원 복지를 챙겨주시는 따뜻한 분이셨다. 때르는 꾸중도 하셨지만, 공개적으로 칭찬도 자주 해 주셨다. 원장님께 본받고 싶은 점은 '나도 이렇게 살겠다.' 다짐하며 적었고, 아쉬운 점은 '나는 이렇게 하지 않겠다.' 되새기며 메모했다.

그렇게 하나하나 기록하며 서서히 원장의 꿈을 키워갔다. 나의 꿈을 지지하고 응원해 준 친척들의 경제적 도움 덕분에 20대 후반, 아주 작지만 소중한 나만의 원을 운영할 수 있게 되었다.

준비된 사람만이 기회를 알아본다

원을 운영하면서 한 소장님의 강의를 들었다. 평일에는 원장, 주말에는 강사로 활동하시는 그분의 삶이 참 멋져 보였다. 그 강의를 들은 후, 또 하나의 목표가 생겼다.

'나도 강사가 되어야겠다.'

목표가 생기자 조금씩 길이 보이기 시작했다. 강사가 되면 무엇을 전할지, 어떤 이야기를 나눌 수 있을지 고민했다. 우리 원의 행사 준비, 부모 상담, 원장으로서의 리더십과 관련한 내 경험을 자료화시켜 정리해 두었다. 지금 돌이켜보면 별일 아닌 것처럼 보이지만, 그땐 작은 것 하나라도 꼼꼼히 메모하며 '언젠가 이게 누군가에게 도움이 될 거야.' 하고 믿었다.

6년 후, 서울의 D 연구소에서 '발표력 프로그램'으로 첫 강의를 했다. 꿈에 그리던 강사로 데뷔할 기회였다. 3시간을 위해 한 달을 매달렸다. 자료를 만드느라 잠을 거의 자지 못했고 눈 밑에 다크서클은 턱까지 내려왔다. 고개를 내내 수그리고 글을 쓰던 탓에 늘 근육통을 달고 살았다. 강의 당일에는 너무 긴장해서 침이 바짝 마른 나머지 혀가 입천장에 달라붙어서 몇 분 간격으로 물을 마셔야 했다. 첫 강의 동안 마신 물이 무려 1.5리터였다. 힘들게 준비하고 진행한 첫 강의는 나름 성공적이었다.

초보 강사로 데뷔한 후에도 일이 매번 순탄하게 풀리지는 않았다. 열심히 자료를 준비하고 리허설도 여러 번 했지만, 강의 당일 준비한 만큼 전달하지 못한 날도 많았다. 그럴 때면 자책하며 밤을 지새웠다. 하지만 날이 밝으면 훌훌 털고 더 열심히 자료를 고치고 다듬으며 무대에 올랐다. 그런 치열한 노력 덕분이었는지 강의는 점점 탄탄해졌고 수요도 늘어났다.

강사의 숲에 익숙해질 무렵에는 '작가'라는 꿈이 생겼다. 언젠가 책을 쓰겠다는 생각으로, 내 삶의 중요한 순간들을 조금씩 기록해 나갔다. 그 기록들이 모여 2008년부터 지금까지 《자녀는 부모의 믿음만큼 자란다》, 《최고의 유산》, 《상처가 사명이 되어》 등 개인 저서와 공저를 포함해 10권의 책이 세상에 나오게 되었다.

성공은 준비 위에 자란다

성공한 사람들은 한결같이 준비를 통해 꿈을 이루었다. 마이클 조던은 농구 역사상 가장 위대한 선수로 평가받으며 1980~1990년대 NBA 세계화를 이끌었다. 그는 실력뿐 아니라 철저한 준비와 압도적인 연습량으로 유명하다. 매일 누구보다 먼저 나와 몇 시간씩 훈련했고 경기 전에 상대 팀 영상을 분석하며 강점과 약점을 파악해 전략을 세웠다. 그는 실패를 두려워하지 않았다. 그의 말이다.

"나는 인생에서 9,000번 이상의 슛을 놓쳤고, 300번 이상의 경기에서 졌다. 나는 여러 번 실패했다. 그것이 내가 성공한 이유다."

애플 공동 창업자 스티브 잡스도 마찬가지다. 그는 명확한 비전을 가지고 있었으며, 실패를 두려워하지 않았다. 새로운 아이디어를 탐구하며, 항상 진보하는 길을 걸었다. 그의 끊임없는 노력은 애플을 세계적인 기업으로 성장시켰다.

이들의 공통점은 '내일'을 준비하며 끊임없이 노력했다는 점이다. 우리 인생에도 기회는 여러 번 찾아온다. 그러나 그 기회는 새의 깃털처럼 가볍다. 준비되어 있지 않으면, 손에 잡기도 전에 훌쩍 날아가 버릴 수 있다. 단언컨대, 준비된 자만이 '내일'을 기회로 거머쥘 수 있다.

당신은 얼마짜리 사람인가?

"당신은 얼마짜리 사람인가?"

2024년에 읽은 고명환 작가의 책 《이 책은 돈 버는 법에 관한 이야기》에서 마주한 질문이다. 당신은 바로 답이 나왔는가? 한 번도 생각해 보지 않은 사람이 대부분일 것이다. 나도 마찬가지였다. 쉽게 답이 떠오르지 않아, 함께 일하는 박재정 연구원에게 물었다.

'요즘 읽는 책에서 '당신은 얼마짜리 사람인가'라는 질문이 나오는데 자꾸 곱씹게 돼요. 선생님은 내가 얼마짜리 사람이라고 생각해요?"

그녀는 망설임 없이 답했다.

"소장님은 100억 이상의 가치가 있는 분이라고 생각해요."

나는 웃으며 말했다.

"에이, 그냥 듣기 좋은 말 말고, 진짜 솔직하게 대답해 주세요."

그녀는 진지한 눈빛으로 덧붙였다.

"진심이에요. 무에서 유를 창조하며 여기까지 오셨잖아요. 그리고 앞으로 3년 뒤 충주에서 시작하실 '3막 인생'도 반드시 이루실 거고요. 무엇보다 소장님 안에는 아직 발현되지 않은 잠재력이 가득해요. 저는 그 가능성을 믿어요."

박재정 연구원의 이야기를 듣고 믿기로 했다. '나는 100억 이상의 가치를 지닌 사람이라고.'

강점을 발견하고, 세상에 내놓는다는 것

《나를 혁명하는 13가지 황금률》이라는 책에서 이런 문장을 만났다. "자본주의 사회에서 가장 위대한 사람은 가장 잘 파는 사람이다. 우리는 모두 세일즈맨이다. 내가 가진 장점은 무엇이며, 그것을 세상에 어떻게 팔 수 있을까?" 이 질문에 내 강점을 적어 내려갔다. 웃음, 긍정, 감사, 칭찬, 그리고 나눔.

나는 내가 가진 강점들을 활용해 하나하나 상품화하기 시작했다. 웃음 동요와 웃음 놀이를 발표력 교재에 담았고, '자녀의 삶을 빛나게 하는 긍정의 언어'를 주제로 부모교육 자료를 만들어 강의했다. 《엄마와 자녀의 행복을 위해 긍정, 감사, 선택》이라는 육아서도 출간했다. 또한, '칭찬 교수법'을 유아교육기관 교사들에게 교육하며 좋은 반응을 얻었다. 이 모든 것은 '나의 강점을 어떻게 상품으로 만들 수 있을까?'라는 고민과 연구가 있었기에 가능했다.

"소장님, 이거 진짜 무료로 진행하실 거예요?"

때로는 유료 콘텐츠에 버금가는 강의와 자료를 무료로 나누기도 한다. 연구원들은 걱정하기도 하지만 나는 가진 것을 나눌수록 더욱 많은 것들을 얻게 된다는 것을 안다. 박재정 연구원이 말한 것처럼 나는 무에서 유를 창조하며 여기까지 왔다. 책을 통해 웃음, 긍정, 감사, 칭찬이라는 내 강점을 발견했고, 그것을 세상에 내놓자, 원장에서 강사, 강사에서 작가가 되었고, 점점 새로운 길이 보였다. 지금은 다가올 '인생 3막'을 준비 중이다.

목표를 향해 가는 삶은 끊임없는 변화의 연속이다. 그래서 오늘도 배우고 읽고, 쓰고 있다. 세상의 흐름에 끌려가는 인생이 아니라, 내가 원하는 방향으로 끌고 가는 인생을 살기 위해.

우리는 모두 무한한 가능성과 고유한 가치를 지닌 존재다. 그럼에도 많은 이들이 자신의 약점에만 집중한 나머지 빛나는 가치를 제대로 발견하지 못한 채 살아간다. 하지만 진짜 변화는 내 안에 숨겨진 강점을 찾아내 그 힘을 세상에 펼칠 때 시작된다. 그것이야말로 마음의 평화와 경제적 자유를 동시에 얻는 가장 확실한 길이다. 스스로에게 질문해 보자.

'나는 과연 얼마짜리 사람인가?'

이 질문에 당당하게 답할 수 있는 순간부터, 삶의 만족과 진정한 행복을 마주하게 될 것이다. 당신은 무한한 가치를 지닌 존재다.

더 나은 삶을 원하면서도
변화를 미루는 사람들

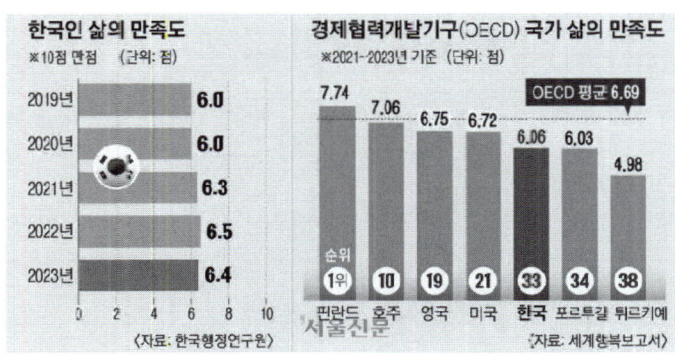

[출처 : 서울신문¹]

---

1 4년 만에 더 '불행해진 한국인'… 행복도 양극화-, 서울신문, 강등용 기자 (25.02.25)

통계청이 발표한 '국민 삶의 질 2024 보고서'에 따르면 세계 하위권인 우리나라 국민의 삶의 만족도가 소폭 더 낮아져 경제협력개발기구(OECD) 38개국 중 33위에 머문 것으로 나타났다.

삶의 만족도는 국민들이 삶에 얼마나 만족하는지를 나타내는 주관적 지표다. 2023년 기준 '삶의 만족도'는 10점 만점에 6.4점으로 전년 대비 0.1점 내렸다. 우리나라 사람들의 전반적인 삶의 만족도는 국민 삶의 질 지표를 측정하기 시작한 2013년부터 꾸준하게 OECD 회원국 중 최하위권을 유지하고 있다.

삶의 만족도가 OECD 최하위권이라는 결과는 단순한 수치 이상의 의미가 있다. 많은 사람이 삶에 대한 불만을 안고 살아간다는 방증이기도 하다. 특히 40대, 50대는 삶의 중심을 이끌어가는 중요한 시기임에도 불구하고, 현실에 대한 피로와 변화에 대한 갈망 사이에서 중심을 잡지 못하고 갈팡질팡하는 경우가 많다. 흥미로운 건, 대부분의 사람이 '더 나은 삶'을 원한다는 것이다.

"돈을 더 벌고 싶다."
"건강해지고 싶다."
"좀 더 의미 있는 삶을 살고 싶다."

누구나 하는 말이지만 그런 바람을 이루기 위해 행동으로 옮기는 사람은 생각보다 많지 않다. "내가 원하는 삶을 위해 무엇을 해봤는가?"라는 질문에 대답할 수 있는 사람이 얼마나 될까? 간절한 만큼 노력했는지, 말로만 원했던 건 아닌지 돌아봐야 한다.

변화를 원하면서도 행동하지 않는 이유

변화를 원하고 성장을 원한다면 일단 움직여야 한다. 정말 '뭐'라도 해야 한다. 그런데 왜 행동하지 않는 걸까?

1. 현실의 안정감

지금의 삶이 아주 만족스럽진 않다. 그렇다고 불만족스러울 만큼 힘든 것도 아니다. 사람은 익숙한 불편함을 불확실한 변호보다 더 친숙하게 느낀다. 지금 직장이 마음에 들진 않지만, 안정된 수입과 익숙한 업무 환경은 그럭저럭 안전한 울타리처럼 느껴진다. 그러다 문득 "과연 이대로 괜찮을까?"라는 의문이 발목을 붙잡는다. 하지만 마음 한편이 불편해도 익숙한 현실 속에 머무는 게 더 안전하다고 느끼며 변화를 위해 행동하지 않는다.

2. 실패에 대한 두려움

새로운 사업을 시작하고 싶지만, 실패에 대한 두려움으로 망설인다. 차라리 시도하지 않는 것이 더 안전하게 느껴진다. 뭔가를 시작하면 잘 해내고 싶은데, 기대에 미치지 못할까 봐 '에이, 하던 거나 해야지.'라며 시작조차 하지 않는다.

3. 즉각적인 성과를 기대하는 마음

새로운 운동을 시작했을 때 처음 몇 주 동안 체중이나 근육량의 변화가 보이지 않으면 '이렇게 노력해도 성과가 없으면 의미가 없지.'라고 생각하며 중도에 그만둔다. 변화에는 시간이 필요하다. 하지만 대부분 즉각적인 성과를 기대하기에, 결과가 보이지 않으면 변화의 문턱 앞에서 주저하게 된다.

그럼에도 불구하고

그럼에도 불구하고, 변화를 만들어가는 사람들은 분명히 존재한다. 내가 존경하는 한 원장님도 그중 한 분이다. 올해 일흔을 맞이하신 원장님은 책 쓰기에 도전하고 계신다. 공저를 통해 첫발을 내디뎠고, 이제는 자신의 이름을 건 단독 저서를 준비 중이시다. 고전무용도 배우며 몸과 마음의 균형을 가꾸고, 대구에서 부산까지 일주일에 한 번씩 시 낭송을 배우러 다니신다. 배움이 있는 곳이면 지역을 가리지 않고 찾아다니시는 모습을 보고 주변에서는 걱정하며 말렸다.

"나이도 있으신 데 건강도 생각하셔야죠. 배움도 좋지만, 너무 무리하시는 것 아니에요?"

주변 사람들의 이야기를 듣고 원장님은 이렇게 말씀하셨다.

"배우는 길이 나를 살아 있게 해줘요. 빠르게 변화하는 이 시대, 나이 들었다고 배우지 않으면 따라갈 수 없어요. 미래를 살아갈 아이들을 잘 교육하기 위해, 남은 내 인생을 가치 있게 살아가기 위해, 저는 배우기를 멈출 수 없다고 생각해요."

원장님은 삶으로 말하고 계신다. 지금도 늦지 않았다고. 배움은 나이를 가리지 않는다고 말이다. 변화는 거창한 결심이 아니라 작은 실천에서 시작된다. 하루 10분 책을 읽는 것, 강의를 한 편 듣고 작은 것이라도 실행하는 것, 낯선 장소로 한 발 내딛는 것. 사소한 실천이 모여 새로운 삶으로 향하는 첫걸음이 된다.

만약 준비가 안 되어서, 환경이 갖추어지지 않아서, 시간이 없어서 등의 핑계로 실행을 미루고 있었다면 다시 생각해 보라. 모든 것이 완벽하게 준비됐을 때 시작하는 것이 아니다. 시작하고 나서 적절한 환경을 구축해 나가는 것이다.

지금보다 나은 삶을 원한다면, 오늘 그 작은 한 걸음을 내디뎌보자. 지금 이 순간, 완벽한 계획보다 중요한 것은 삶을 향한 단 한 걸음의 용기다.

익숙한 삶이 주는 안정감
vs 정체되는 불안감

　대부분의 사람들은 안정적인 삶을 원한다. 매달 정해진 수입이 들어오고, 하루의 일정이 예측 가능하며, 업무도 어느 정도 익숙하다면 별문제 없이 잘살고 있다고 느낀다. 하지만 이런 삶이 반복되다 보면 어느 순간부터 '나는 잘 살고 있는가?'라는 근본적인 질문이 마음 한구석에서 떠오른다. 특별한 이유가 있는 것도 아닌데 왠지 모르게 허전하고 답답하다면 지금의 '안정'이 '정체'로 바뀌고 있다는 신호일 수 있다.

안정과 정체는 한 끗 차이

안정은 분명 중요하다. 혼란스러운 시대에 이 한 몸을 잘 건사하고 있다는 것만으로도 감사한 일이다. 하지만 안정감에 취해 배움과 사소한 도전마저 멈추고 있다면 그건 정체의 신호다. 정체는 곧 쇠퇴로 이어지기 마련이다.

어쩌면 당신도 이미 알고 있을지 모른다. '지금 이대로 괜찮을까? 아니면 뭔가 바뀌어야 할까?' 매일 비슷한 일상에서 불현듯 이런 의문이 떠오른다면, 요즘 들어 마음이 자꾸 불편하고 남의 변화가 부럽거나 조급하게 느껴진다면, 그건 단순한 감정이 아니라 내면의 신호일 수 있다.

정체는 소리 없이 찾아온다. 도전은 번거롭고, 새로운 시도는 겁이 난다. 무의식적으로 익숙한 일만 고르게 되고, '내가 과연 이걸 해낼 수 있을까?'라는 의심이 조금씩 자리 잡기 시작한다. 어느 순간 마음 깊은 곳에서 목소리가 울려 퍼진다.

'그냥 이대로 살지 뭐.'

정체가 지속되면 두 가지 부작용이 나타난다. 첫째는 자존감의 하락이다. 성장이 멈춘 순간 스스로에 대한 믿음도 약해진다. 자기비판은 늘어나고 자기 회피는 습관이 된다.

둘째는 기회의 단절이다. 세상은 끊임없이 변하고 있는데 나만 그 자리에 머물고 있다면, 누군가의 선택지에서 점점 밀려

느게 된다. 이건 단지 커리어의 문제가 아니다. 삶의 방향을 잃어버리는 더 본질적인 문제다.

불안은 나를 부르는 신호다

지금 느끼는 불안은 그저 불편한 감정이 아니다. 내 삶이 변화의 갈림길에 서 있다는 증거다. 그 신호를 무시하지 말자. 조용히, 더 깊숙이, 진심으로 귀 기울여보자. 물론 변화는 언제나 낯설고 두렵다. 하지만 한 가지는 확실하다. 지금의 평온한 일상을 평생 누릴 수 있으리란 보장은 어디에도 없다. 세상은 끊임없이 움직이고 있다. 멈춰 서 있는 건, 곧 뒤처지는 것이다.

지금이 바로 작은 실천을 시작할 시간이다. 완벽하게 준비된 사람만 변화할 수 있는 게 아니다. 준비됐을 때 행동하는 것이 아니라, 행동하다 보면 준비되는 것이다. 이 글을 읽고 있는 지금, 이미 첫걸음은 시작되었다. 당신의 미래를 향해 한 걸음 한 걸음 나아가자.

인생은 속도가 아니라 방향이다

앞만 바라보고 바쁘게 달려가던 나날 속, 멈춤으로부터 깨달음을 얻은 적이 있었다.

2014년, 고도원 작가님이 진행하는 '중년 부부학교' 3박 4일 워크숍에 남편과 함께 참석했다. 참석한 부부는 모두 40쌍이었다. 촛불 명상, 향기 명상, 춤 명상, 정리 명상 등 다양한 명상 프로그램이 진행되었다. 평소 자주 하지 못했던 말, '사랑합니다.', '감사합니다.', '존경합니다.'를 말하며 부부 사이를 되돌아보는 시간도 있었다. 처음엔 서툴던 40~50대 남편들도 시간이 흐르자 자연스럽게 미소를 띠며 아내에게 사랑과 감사의 언어를 표현했다.

다양한 프로그램 중 기억에 강렬하게 남은 건 '멈춤 명상'이었다. 대화 도중에도, 식사 중에도, 심지어 음식물을 씹던 중에도 종이 울리면 그대로 멈춰야 했다. 처음엔 낯설고 불편했다. 하지만 반복될수록, 그 강제된 멈춤이 오히려 내 감각을 깨우기 시작했다. 입안의 음식을 천천히 씹는 동안, 평소에는 몰랐던 양념과 재료의 미세한 조화를 느꼈다. '멈춤' 덕분에 감각에 온전히 집중할 수 있었던 시간이었다.

　밥을 먹고 난 뒤, 아주 낮은 산을 올랐다. 중년 부부팀 외에도 다양한 연령대가 함께하는 산행이었다. 한 사람씩 겨우 지나갈 수 있는 좁은 오솔길. 20분이면 충분한 거리였지만 '멈춤 명상' 중인 우리는 한 시간이 넘게 걸었다. 처음에는 종소리가 울릴 때면 언제 다시 출발할 수 있을지에만 집중했다. 멈춰 있는 시간이 아까워 한 발자국 더 나아가고 싶은 마음이 컸다.
　하지만 멈춤이 반복될수록 흙과 돌멩이, 흔들리는 나뭇잎들이 조금씩 눈에 들어오기 시작했다. 살결을 기분좋게 스치는 바람이 느껴졌다. 다음 멈춤에는 앞사람의 뒷모습이, 또 다른 멈춤엔 내 뒤를 따라오는 사람들의 얼굴이 보였다. 산을 오르던 이들 중엔 병을 앓고 있는 사람도 있었고, 80대 노인도 있었다. 다섯 살 유아도 있었다. 그럼에도 불구하고, 모두 낙오 없이 목적지에 도달했다. 완주할 수 있었던 이유는 중간중간 멈춰

숨을 고르고, 주위를 돌아보며 천천히 걸었기 때문이었다.

워크숍 마지막 날, 돌아가며 소감을 나누는 시간이 있었다. 나에게 마이크가 넘어왔다.

"이번 프로그램에서 저에게 가장 큰 깨달음을 준 것은 멈춤 명상이었습니다. 멈추니까 보이는 것들이 있었습니다. 빠르게 걸었다면 보지 못했을 흙과 돌멩이, 꽃과 나무를 볼 수 있었습니다. 앞서 걷는 이와 뒤따라오는 이의 모습도 보였습니다. 무엇보다 천천히 가도 목적지에 닿을 수 있다는 것을 알게 되었습니다. 속도보다 방향이 중요하다는 말의 의미를 온몸으로 느낀 시간이었습니다."

인생에 닥친 진짜 멈춤

그로부터 얼마 지나지 않아, 내 삶을 송두리째 흔든 사건이 생겼다. 이 책에 적을 수 없는 일이지만, 그 사건은 앞만 보며 달려왔던 나날을 하루아침에 허무하게 만들었다. 아무 일도 손에 잡히지 않았다. 나는 과감히 '멈춤'을 선택했다. 내 강의를 듣는 이유가 '밝은 에너지'라고 말하던 원장님들이 떠올랐기 때문이다. 에너지가 바닥난 상태에서 강단에 서면 청중에게도 그대로 전달이 될 것이 분명했기에 강의를 할 수 없었다. 그래서 유료 강의도 열지 않았고, 출강 요청도 모두 정중히 거절

했다. 자료도 만들지 않고, 강의안도 펴지 않았다. 일을 멈추자, 막막함이 몰려왔다. 하루가 길게만 느껴졌다. 뭘 하면서 이 시간을 보내야 할지 고민하는 나를 지켜보던 친구가 말했다.

"선해야, 아무 생각하지 말고 이번 기회에 그냥 쉬어. 그동안 열심히 살았으니 여행을 해봐. 새로운 곳에서 네 마음의 소리에 귀 기울이면 네 스스로를 위로해 줄 수 있을 거야. 너의 힘든 마음을 가장 잘 아는 사람은 바로 너니까."

친구의 말은 따뜻했지만 실천은 쉽지 않았다. 나는 '노는 법'을 몰랐고, 스스로를 돌보는 것도 익숙하지 않았다. 한 달을 고민한 끝에 나를 토닥이는 방법으로 '배움'을 선택했다. 긍정심리, 도형심리, 인성 소통 도구 워크숍 등 다양한 교육에 참여했다. 그 시간 속에서 나는 조금씩 나를 알게 되었다. 나는 배우고 성장하며 사람들과 함께할 때 가장 행복하고, 일을 통해 오히려 에너지를 얻는 사람이라는 것을.

속도보다 중요한 것

4개월의 멈춤 끝에 마음을 회복하고 다시 일을 시작했다. 다만, 예전처럼 무조건 달리지 않았다. 숨이 찬다고 느껴지거나 마음이 평안하지 않을 때면 짧게는 일주일, 길게는 한 달 동안 '멈춤의 시간'을 갖곤 했다.

멈춤은 낭비가 아니다. 삶의 방향을 다시 점검하는 중요한 시간이다. 이 글을 쓰는 지금도 멈춰 있는 셈이다. 3월부터 7월까지 5개월간 유료 강의는 하지 않고 고객과의 약속이었던 재능나눔 강의만 진행했다. 연구원들을 믿고 하루 4시간 이내로 업무를 봤다. 속도보다 방향이 중요하다는 것을 몸으로 알지 못했다면 이렇게 긴 시간 수입을 내려놓고 글쓰기에 몰두하지 못했을 것이다.

원을 운영할 때는 하루 12시간 넘게 일했다. 강사로 일하면서도 한 달에 20회 넘게 강단에 서기도 했다. 그리 일해도 잘 아프지도 않았다. 좋아서 하는 일이라 쉬지 않아도 된다고 믿었다. 나를 돌보는 것이 결국 일을 지속할 수 있게 한다는 사실을 모든 것이 무너진 뒤에야 알았다.

2014년에 배운 멈춤 명상을 통해 인생은 속도보다 방향이 중요하다는 진리를 깨달았다. 덕분에 지난 10년은 삶에 쉼표를 찍으며 살아올 수 있었다. 인생은 단거리 질주가 아니다. 끝까지 가기 위해선 숨 고르며 걷는 지혜가 필요하다.

인생은 길다. 목표를 이룬다고 끝이 아니다. 그 너머에는 여전히 걸어가야 할 길이 남아 있다. 나는 지금, 서두르지 않되 멈추지 않으며 다음 목적지를 향해 걷고 있다.

그냥 미치면 바보가 되지만, 꿈에 미치면 신화가 된다

2008년, 내 나이 마흔두 살. 아이들이 좋아 유치원 원장이 되었고, 매일 아이들과 웃으며 살았다. 주말엔 강의까지 했기에 늘 분주했지만, 그 바쁨마저 좋아서 참 행복했다. 그 당시 남편은 영어·수학 학원을 운영하고 있었다. 어느 날, 남편이 애완견 사업을 해보고 싶다고 조심스럽게 말했다. 처음엔 반대했지만 좋아하는 일을 하겠다는 사람을 어떻게 말릴 수 있을까.

'그래, 잘 해낼 수 있을 거야.' 나는 그렇게 믿고 기꺼이 지원했다. 하지만 남편이 사업을 시작할 무렵부터 애완견 시장은 하향세로 접어들었다. 두 가지 일을 동시에 했기에 학원에 소홀하게 되었고, 원생이 줄어들며 교사들 월급 주기도 벅찬 날들이 이어졌다. 비싼 이자로 돌려막다 보니 빚은 점점 불어났다. 결국, 빚을 청산하기 위해 우리는 모든 사업을 접었다. 소중하게 쌓아온 것들이 한순간에 무너졌다. 아이들이 좋아 원장이 되었는데, 내가 좋아하는 아이들을 더는 볼 수 없게 된 현실에 눈물이 멈추지 않았다.

한 권의 책이 내게 말을 걸었다

무너진 마음으로 하루하루를 겨우 버티던 어느 날, 셋째 형님이 책 한 권을 건네며 말했다.

"동서에게 힘이 될 테니 꼭 읽어봐요."

그 책은 강헌구 교수가 집필한 《가슴 뛰는 삶》이었다. 무심코 펼친 책에서 나는 숨이 멎는 듯한 문장과 마주했다.

"그냥 미치면 바보가 되지만, 꿈에 미치면 신화가 된다."

이 문장은 마치 내 온몸을 흔들어 깨우는 종소리 같았다.

'이렇게 주저앉아만 있으면 미쳐서 바보가 될지도 몰라. 이건 끝이 아니야. 내 인생은 이제 겨우 전반전이야. 아직도 40년 넘는 시간이 남아 있으니 그냥 미치지 말고 꿈에 미쳐보자.'

책에서 강헌구 교수는 꿈에 미치려면 '숙명적인 키워드'를 찾아야 한다고 강조했다. 책장을 덮고 숙명적인 키워드를 찾기 위해 생각에 잠겼다. 그리고 얼마 지나지 않아 내 마음속에서 또렷이 떠오른 단어가 있었다. '자존감'이었다. 내게는 아이들이 자기 모습을 있는 그대로 존중하고 사랑할 수 있도록 돕기 위해 만든 '자존감 쑥쑥 발표력 수업'이 있었다. 당시 이 수업을 토대로 전국을 순회하는 강의도 진행 중이었다.

나의 숙명적 키워드가 자존감이었다는 것을 깨달은 순간, 반드시 이 프로그램을 전국의 유아교육기관에 전파하겠다고 다짐했다. 이 발표 교실이 어떻게 자존감을 키우고 삶을 변화시키는지는 2장에서 자세히 다룬다.

바닥이었던 그날, 나를 발견했다

부도로 역 경영을 멈췄을 때는 눈앞이 캄캄했다. 아이들과 함께하며 행복했던 만큼 심장을 도려낸 것처럼 아팠다. 아이들이 없는 삶을 생각해 본 적 없었기에 더욱 고통스러웠다. 하지만 척 속에서 희망을 보았고 다시 일어서기로 결심했다. 몇 날 며칠을 혼자 생각하며 성찰했고, 나는 내 안에 숨어 있던 무한한 가능성과 마주하게 되었다.

내 인생을 바칠 숙명적인 키워드를 찾고, 다시 일어나 꿈에 미치기로 했다. 만약 그때 무너지지 않았다면 여전히 평범한 일상에 안주하며 내 잠재력을 모른 채 살아가고 있었을지도 모른다. 무너짐은 끝이 아니라 시작이었다.

많은 이들이 "이건 불가능해."라는 말을 너무 쉽게 한다. 불가능하다고 믿는 순간 우리는 무의식중에 포기할 수밖에 없는 이유를 찾아 합리화하기 시작한다. 반면 가능하다고 믿는 순간 어떻게든 방법을 찾는다.

불가능과 가능을 구분하는 건 고작 한 글자뿐이다. 단 한 글자만 뛰어넘으면 된다. 이 단순한 진리를 마음 깊이 새기게 된 것도 바로 그날의 절망 덕분이었다.

지금, 당신은 어떤 삶을 꿈꾸고 있는가?
그 꿈은 당신의 가슴을 뛰게 하는가?
당신만의 꿈에 미쳐라.
그 순간, 당신의 삶에도 신화는 시작된다.
그 신화의 주인공은 바로 당신이다.

바람이 강할수록 나무는 깊게 뿌리 내린다.
- 아리스토텔레스

제 2장

역경이 경력이 되다

누구에게나 시련은 찾아온다. 하지만 시련 앞에 절망하는 이와 기회 삼는 이의 미래는 분명 다른 모습일 것이다. 상처가 사명이 되고, 실패가 자산이 되는 과정. 2장은 역경을 경력으로 바꾼 저자의 삶이 담긴 기록이다.

로또 당첨보다
더 큰 행운

　낭랑 18세, 남들은 뭘 해도 예쁠 나이에 나는 그렇지 못했다. 늘 든든한 방패막이 되어주던 아버지가 갑작스레 세상을 떠나셨다. 새어머니와 동생이 있었지만, 세상에 홀로 남겨진 기분이었다. 떨어지는 나뭇잎만 보아도 눈물이 주르륵 흘러내렸고, 수업 시간에도 집중할 수 없었다.

　어느 날, 나를 예뻐해 주시던 박호선 선생님께서 나의 어두운 얼굴을 눈치채시고 수업이 끝난 후 상담실로 오라고 하셨다. 선생님은 나를 다정한 눈빛으로 바라보며 인자한 목소리로 말씀하셨다.

　"선해야, 아버지가 돌아가셔서 많이 힘들지? 우리 선해가 예쁘게 웃는 모습을 다시 보고 싶구나. 선생님 생각엔 우리 선해가 유치원 선생님이 되면 아이들이 참 좋아할 것 같아. 너의 밝은 웃음과 긍정적인 마음은 아이들에게 좋은 에너지가 될 거야. 유아교육과를 목표로 공부해 보면 어떻겠니?"

선생님의 제안은 방향을 잃었던 내 삶에 처음으로 '꿈'이라는 단어를 심어 주었다. 평소 길 가는 아이에게도 알은체를 하며 말을 걸 만큼 아이가 좋았던 내 모습이 떠올랐다.

좋은 유치원 선생님이 되고 싶다는 꿈이 생기자, 다시 공부에 집중할 수 있었다. 방황을 멈추고 학업에 매진했다. 어떻게든 꿈을 이루고 싶어 그 누구보다 노력했다. 그 결과, 난 유치원 교사가 되었다.

교사 일을 하다 가끔 지쳐 있을 때면, 아이들이 조용히 다가와 나에게 힘을 주곤 한다.

"선생님, 어디 아파요? 이거 먹고 힘내요."

"저는 우리 선생님이 세상에서 제일 좋아요."

아이들의 맑고 순수한 눈빛, 사랑 가득한 말 한마디는 세상 어떤 피로 회복제보다 강력한 힘이 되었다. 누군가 "당신이 세상에 태어나 가장 잘한 일이 무엇인가요?"라고 묻는다면, 주저하지 않고 답할 수 있다. "교사의 길을 선택한 것입니다."

물론, 포기하고 싶었던 순간도 있었고, 눈물로 밤을 지새운

날도 있었지만, 아이들의 해맑은 미소와 내 직업에 대한 열정과 사랑이 있었기 때문에 그 모든 시간을 견딜 수 있었다.

교사라는 직업의 장점

교사라는 직업의 장점은 말로 다 담아낼 수 없지만 내가 직접 경험한 가장 큰 장점 세 가지를 소개하고 싶다.

첫째, 교사는 직업이 지녀야 할 세 가지 목적인 경제적 보상, 사회적 기여, 자아실현을 모두 충족시키는 특별한 업이다. 우리가 직업을 가지는 가장 현실적인 이유는 생계를 유지하기 위함이고, 유치원 교사는 안정적인 월급을 받을 수 있는 직종이다.

인생의 가장 순수하고 중요한 시기를 살아가는 아이들을 보살피고 가르치는 것 자체로 사회에 기여한다고 할 수 있다.

'어떻게 하면 더 좋은 교사가 될 수 있을까'를 끊임없이 고민하는 과정에서 더 나은 자신으로 성장할 기회를 얻을 수 있다. 아직은 모든 것이 서툰 아이들과 함께하는 일상은 해결할 일 투성이다. 수많은 돌발 상황과 휘몰아치는 문제들을 해결해 나가다 보면 자신도 모르던 역량과 잠재력을 자연스럽게 찾아내어 자아실현의 욕구를 충족할 수도 있다. 난 교사 시절부터 생각했다. '유치원 교사라는 직업은 단순히 생계를 위한 수단이

아니라 나의 가능성을 가장 빛나게 해주는 인생 최고의 선물이다.'

둘째, 교사는 '좋은 부모'로 살아갈 수 있는 연습을 미리 할 수 있다. 매일 다양한 가정의 아이들을 만나고, 부모의 말투와 행동, 양육 태도를 가까이에서 관찰하며 자연스럽게 질문하게 된다.
'나는 어떤 어른이 되어야 할까?', '어떤 부모가 되고 싶은가?'
교사로서의 경험은 내가 부모가 되었을 때 백과사전만큼이나 든든한 육아서가 되어주었다. 아이들을 대할 때 감정을 조절하는 방법, 아이들의 감정에 공감하는 법, 인내하는 법을 따로 배우지 않아도 알 수 있었다. 교사로서의 오랜 경험을 통해 자연스럽게 체득했기 때문이다.

셋째, 이 일은 자연스러운 미소와 웃음을 선물한다. 아이들의 맑은 눈빛과 순수한 말 한마디가 하루의 피로를 녹이고, 때로는 엉뚱하고 사랑스러운 행동에 큰 소리로 웃게 된다. 그저 아이들 곁에 있는 것만으로 마음이 환해진다. 아이들과 함께하는 교사는 이 세상에서 가장 자연스럽고 행복하게 웃을 수 있는 사람이다.

나는 오늘도 확신하며 말한다.

"유치원 교사라는 직업을 선택한 건, 로또에 당첨된 것보다 더 큰 행운이었다."

이 길은 나를 성장하게 했고, 사람을 사랑하는 법을 가르쳐주었고, 나의 가능성을 가장 빛나게 해주었다. 단 하루로 끝나는 기쁨이 아니라 매일매일 펼쳐지는 축복이었다.

상처가
사명이 되어

    당신도 말하지 못하고 가슴 깊이 묻어둔 상처가 있는가? 상처는 감추면 곪지만 드러내면 아문다. 내가 먼저 내보인 상처는 누군가의 아픔을 치유하는 약이 되기도 한다.

    다섯 살 때, 부모님의 이혼으로 새엄마와 함께 살았다. 어린 마음은 쉽게 안정을 찾지 못했다. 새엄마가 내게 베푸는 다정함을 온전히 받아들이기 어려웠고, 친엄마가 아니라는 사실은 내 마음 한편을 늘 얼어붙게 했다. 하고 싶은 말을 꺼내기도 전에 눈물이 먼저 쏟아졌다.

    그 눈물을 들키지 않으려 조용한 곳에 숨어 한 손으로 눈물을 닦고 다른 손으로는 입을 막았다. 누가 시킨 적도, 알려준 적도 없지만 새어 나오는 울음소리를 삼키려 애썼다. 어린 시절 나는 스스로를 아끼지도 믿지도 못했다. 내 의견을 주장하기보다는 다른 사람의 말에 휘둘리곤 했고, 내 감정보다는 타인의 말에 더 귀를 기울였다. 그렇게 자란 내가 유치원 교사가 되었을 때, 아이들을 통해 어린 시절의 나와 자주 마주하게 되었다.

아이 안에서 어린 나를 만나다

교사가 되어 처음 맡았던 반에서 만난 민정이. 민정이는 친구들과 잘 어울리지 못하고 자기표현이 거의 없어 유독 마음이 쓰이는 아이였다. 어느 날 아침, 민정이는 인형을 가지고 조용히 놀고 있었다. 그때 개구쟁이 대진이가 인형을 낚아채 도망가 버렸다. 민정이는 그런 대진이에게 아무 말도 하지 않았다. 쫓아가 장난감을 되찾아 오지도 않고, 교사인 나에게 도움을 요청하지도 않았다. 조용히 자리에서 일어나 교실 구석으로 가더니 쭈그리고 앉아 어깨를 들썩이며 울기 시작했다.

민정이의 우는 모습에서 어린 시절의 나를 보았다. 아이는 나처럼 울음을 들키지 않으려 한 손으로 입을 막고 다른 손으로는 눈물을 닦고 있었다. 그 순간 나도 모르게 눈물이 났다. 조심스럽게 민정이 곁에 앉았다.

"민정아, 선생님이랑 대진이한테 가서 인형 돌려달라고 해볼까?"

민정이는 고개를 저었다. 답답한 마음에 나도 모르게 목소리가 커졌다.

"민정아, 장난감을 뺏겼으면 돌려달라고 말해야지. 아니면 선생님한테라도 도움을 요청하던지. 왜 혼자서 울고만 있어? 그러면 아무도 너를 도와줄 수 없잖아."

나의 격양된 목소리에 놀란 듯 민정이의 눈이 커졌다. 나는 숨을 깊이 들이쉬며 마음을 가라앉혔다.

"민정아, 선생님도 어렸을 때 장난감을 뺏기면 아무 말도 하지 못했어. 너처럼 조용한 곳에 가서 입을 막고 울기만 했어. 선생님 못났지?"

잠시 정적이 흐르고, 민정이가 조심스럽게 물었다.

"정말이요?"

"정말이야. 민정이를 보니까 선생님의 어린 시절이 떠올라서…. 미안해, 선생님이 흥분했나 봐."

민정이는 내 이야기에 조용히 귀를 기울였다.

"선생님도 어렸을 때 어려움이 생겨도 누군가에게 도움을 청하지 못해서 혼자 힘들었어. 그래서 지금도 그때를 후회해. 민정이는 선생님처럼 후회하지 않았으면 좋겠어. 오늘은 선생님이 곁에 있어서 도와줄 수 있었지만, 다음에는 선생님이 못 볼 수도 있잖아. 다음에는 꼭 이야기하렴. 이야기하지 않으면 아무도 너를 도와주지 못한단다."

그날 이후, 민정이는 자기 마음을 조금씩 표현하기 시작했고, 나는 민정이가 말할 때마다 진심을 담아 반응했다.

상처가 수업이 되기까지

민정이를 통해 깨달았다. 말로 감정을 표현하는 것을 어려워하는 아이들을 돕기 위해선 그 아이들의 마음을 먼저 알아주는 교사가 되어야 한다는 것을. 새엄마에게서 받은 내 상처는 아이들을 위한 교육을 기획하는 원동력이 되었고, 그렇게 '자존감 쑥쑥 발표 수업'이 탄생했다. 내가 평소 존경하던 김영실 교수님께 발표 교실의 탄생 동기를 말씀드렸더니 놀라워하셨다.

"나는 30년 넘게 교직에 있으면서 아이들을 '가르치는 것'만이 교사의 역할이라고 생각했는데, 너는 유치원 교사로서 '아이들을 어떻게 도울까'를 고민했다고? 네 말을 들으면서 교육자로 살아온 나의 시간을 반성하게 되는구나."

김영실 교수님의 말씀을 들은 순간, 내가 만든 수업의 가치를 더 크게 느끼게 되었다. 아이들을 돕고 싶은 마음이 생긴 건 상처받았던 어린 시절의 나를 돌아보면서부터였다. 내가 상처를 마주하지 않았더라면 교사의 본분은 아이들을 가르치는 것뿐이라고 생각했을 것이다. 내 상처를 꺼내어 수업으로 만든 순간 '아이들을 돕는 교사'가 되었다.

내가 품었던 상처는 결국 아이들을 더 깊이 이해하는 계기가 되었다. 교사의 역할은 단순히 지식을 가르치는 것에서 그치면 안 된다. 그에 더해 아이들이 자신의 생각과 감정을 잘 표현할 수 있도록 도울 책임이 있다. 나는 그 사실을 민정이를 통해 다시 배웠다.

상처를 외면한 채 살아왔다면 보지 못했을 장면들이 상처와 직면한 순간부터 눈에 들어왔다. '말 못 하는 아이들의 마음은 어디에 숨어 있을까?'라는 질문에서 출발한 수업은 나만의 진심이 깃든 교육이 되었다.

가르치는 교사에서 돕는 교사가 된다는 건, 내면의 아픔을 마주하여 타인의 손을 잡을 용기를 동반하는 것이다. 내면의 상처가 없었더라면, 아이들의 마음을 헤아리는 교수법을 결코 떠올릴 수 없었을 것이다. 상처는 나를 무너뜨리지 않았다. 오히려 나를 성장시켰다. 이제 확신한다. 나의 아픔을 통해 상처받은 누군가를 보듬을 수 있다는 것을.

아이들이 행복한 세상을
살아갈 수 있도록

말없이 움츠러든 아이, 자기표현에 서툰 아이, 소리 없이 눈물을 흘리는 아이를 볼 때면 마음이 아팠다. '나도 저랬지' 하는 기억이 문득 스쳐 갔다. 그 아이들을 더 자주 안아주고, 더 많이 칭찬하며 이런 말을 해주었다.

"너는 소중한 사람이야."

"너의 생각을 말하는 건 부끄러운 일이 아니야."

"도움이 필요하면 도와달라고 말해도 돼. 그것 또한 용기란다."

"울고 싶으면 눈치 보지 말고 큰 소리로 울어도 괜찮아."

아이들에게 해주었던 말들은 사실, 어린 시절의 내가 그토록 듣고 싶었던 말이었다.

자존감을 키우는 발표 수업의 시작

아이들에게 건넸던 따뜻한 말 한마디가 '자존감 쑥쑥 발표 교실'의 씨앗이 되었다. 이 수업은 발표 수업이지만 발표 기술보다 먼저 자존감을 키우는 데 중점을 두기에 발표를 억지로 시키지 않는다. 아이가 발표할지 말지 스스로 선택할 권리를 주고, 그 결정을 온전히 인정해 준다. 발표는 놀이처럼 가볍게 시작되며, 발표 직전엔 수신호로 발표 의사를 표현하게 한다. 동그라미는 "지금 발표하고 싶어요.", 세모는 "아직은 고민 중이에요.", 엑스는 "오늘은 안 하고 싶어요."를 뜻한다. 어떤 선택이든 아이의 마음을 있는 그대로 받아들인다.

아이들에겐 각자 타고난 고유의 기질이 있다. 그 기질과 개인차를 존중해 줄 때 아이들의 닫힌 마음이 서서히 열리고 변화가 시작된다. 처음엔 엑스를 들고 고개를 숙이던 아이가 어느 날 조심스럽게 세모를 들고, 며칠 뒤에는 동그라미로 바꾸는 순간 느꼈던 희열은 말로 표현이 어렵다. '내가 할 수 있을까?'라는 두려움이 '나도 할 수 있어!'라는 믿음으로 바뀔 때의 눈빛은 지금도 내 마음속에 선명하게 남아 있다.

이 수업엔 정답이 없다

색채만큼이나 다양한 아이들의 말 한마디, 한마디가 모두 답이 된다. 아이들은 자기 목소리를 내는 법을 배우고, 초등학교에 가서도 당당하게 발표하며 자신의 생각을 자연스럽게 표현하는 아이로 성장한다. 나는 말하는 법만큼이나 잘 듣는 법도 중요하다고 믿기에, 발표보다 '경청 자세'를 먼저 가르친다. 덕분에 아이들에겐 경청이 습관처럼 스며들어 있다.

친구가 발표할 땐 발표자의 눈을 바라보며 집중해서 듣고, 발표가 끝나면 "우와! 우와! 멋지다!" 하며 칭찬 박수를 보낸다. 2학기가 되면 아이들은 이제 발표자의 장점을 구체적으로 표현해 주는 방법을 익힌다.

"친구야, 어제보다 더 큰 목소리로 발표하는 모습 최고야."

"처음보다 자신감이 많이 생긴 것 같아. 멋져!"

혹시나 수업 당일 컨디션이 좋지 않거나, 소극적인 아이가 발표를 망설일 때면 아이들은 마치 약속한 듯 입을 모아 말한다.

"친구야, 괜찮아. 내일 다시 도전하면 돼."

자기 생각을 당당하게 표현하고, 누군가의 용기엔 따뜻한 격려로 응답하는 아이들의 모습을 바라볼 때마다 '발표 교실 저자'로서 벅차다.

발표 수업은 삶의 수업이다

유·초 이음 교육을 함께했던 현직 초등교사 김나영 선생님이 했던 이야기다.

"초등 1학년 선생님들 대상으로 설문 조사 결과, 초등 교사들이 유치원에서 꼭 배워 오길 바라는 태도 1위는 '경청'이었어요. 초등 1학년 중, 수업 시간에 집중하지 못하고 자기 이야기만 하려는 아이들이 많아 수업 진행이 어려운 순간이 많아졌거든요. '경청'은 초등 입학 전, 가정과 유아교육기관에서부터 반드시 훈련되어야 합니다."

앞서 말했듯, 발표 수업을 경험하고 졸업한 아이들은 경청 자세가 자연스러운 습관이 되어 있다. 초등학교에 입학한 뒤에도 그 태도는 계속 이어졌고 1학년 담임교사로부터 칭찬 전화를 받았다는 학부모들의 연락이 종종 온다. 한 어머님은 이렇게 말씀하셨다.

"원장님, 오늘 민준이 담임 선생님께 칭찬 전화를 받았어요. 민준이가 발표도 잘하지만, 친구나 선생님 이야기를 귀 기울여 듣는 모습이 정말 예쁘다고 하시더라고요. 어느 유치원 출신인지 물으셔서 말씀드렸더니, 다른 선생님들도 그 유치원 출신 아이들은 확실히 다르다며 칭찬하셨대요. 졸업 전 꼭 필요한 교육을 해 주셔서 진심으로 감사드립니다."

이런 전화를 받는 날이면 마음이 구름 위를 걷는 것처럼 가벼워진다. 내가 품었던 아이가 잘 자라 세상에 뿌리내리는 모습을 확인할 때, 그 무엇과도 바꿀 수 없는 크나큰 보람이 밀려온다. 아이의 성장을 지켜본다는 건 씨앗을 심고 돌본 사람만이 누릴 수 있는 특권이다. 유치원에서의 하루하루가 결국 아이의 평생을 이끈다고 믿는다.

발표 수업은 단지 말을 잘하게 만드는 데 그치지 않는다. 자존감을 키우고 타인의 말에 귀 기울이는 힘을 길러준다. 수업의 성과는 유치원 졸업 이후에도 아이의 마음과 태도에서 자연스럽게 묻어난다.

두 마리 늑대와의 대화

당신은 마음속에서 두 목소리가 싸우는 걸 느껴본 적 있는가? 일이 힘들고 지칠 때, 한쪽은 '이제 그만두자'고 부추기고 다른 한쪽은 '조금만 더 버텨보자'고 다독인 적이 있는가? 그때 당신은 어떤 목소리에 귀를 기울였는가?

35년 전 유치원 교사 시절, 유치원에서 다섯 살 반을 맡았다. 반 정원은 25명이었다. 그 시절엔 맞벌이 부모가 많지 않았기에 다섯 살이면 엄마 품에서 세상 밖으로 처음 나오는 나이였다. 당연하게도 첫 사회생활에 적응하는 데는 오랜 시간이 걸렸다.

입학 후, 한 달 동안은 수업 시간에 자리에 앉아 있는 아이보다 교실을 사방팔방 돌아다니는 아이들이 더 많았다. 두세 명은 아예 교실에도 들어오지 못하고 복도에서 엄마와 실랑이를 벌이거나 원장실에 있었다. 그나마 교실에 들어온 아이 중에서도 몇 명은 엄마를 애타게 찾으며 울었고, 모임 자리에는 열 명 남짓한 아이들이 앉아 눈만 끔뻑거리며 나를 쳐다보았다. 교실 곳곳에 흩어져 우는 아이들을 달래다 보면 나도 울고 싶어졌다. 아니, 솔직히 말하면 나도 집에 가고 싶었다.

아이들을 챙기느라 점심밥은 허겁지겁 입에 밀어 넣었고, 내 기분이나 몸 상태와 상관없이 늘 방긋방긋 웃어야 했다. 자리를 비운 사이 아이들에게 무슨 일이 생길까 봐 화장실도 마음대로 갈 수 없었다. 결국 방광염에 걸려 몇 달 동안 고생하기도 했다. 실수투성이 초보 교사였던 난, 원장님께 꾸중을 들을 때도 많았다. 감정을 주체할 수 없던 날은 화장실 문을 잠그고 수도꼭지를 틀어 놓은 채 소리 없이 울었다.

어떤 늑대에게 먹이를 줄 것인가

한참을 울다 보면 마음속에서 두 마리의 늑대가 싸우기 시작했다. 나쁜 늑대가 속삭였다.

"힘들잖아. 그냥 사표 내고 쉽고 편한 일 찾아봐. 네 인생도 소중하잖아."

반면, 착한 늑대는 이렇게 속삭였다.

"물론 힘들지. 하지만 네가 아이들과 함께 있을 때 웃는 모습을 떠올려 봐. 네가 없으면 아이들이 널 찾으며 울 거야. 아이들을 슬프게 하는 건 옳지 않아. 당장 그만두고 싶어도, 수료식이 끝나는 2월까진 견뎌야 해. 너는 유치원 교사잖아."

나쁜 늑대는 코웃음을 쳤다.

"너는 참는다지만, 난 절대 안 참아. 이건 네 한계를 넘는 일이야."

착한 늑대는 조용히 다독였다.

"세상을 살다 보면 지금보다 더 힘든 순간도 있을 거야. 이 정도에서 무너진다면, 넌 앞으로도 힘들 때마다 포기하게 될지도 몰라. 원장님도, 선배 교사들도 다 그런 시절을 견뎌낸 거야. 속상하더라도 견디면서 계속 배워. 그럼 더 좋은 교사가 될 수 있을 거야."

그날도 착한 늑대가 이겼다. 나는 여전히 아이들 곁에 남기로 했다.

'착한 늑대와 나쁜 늑대' 이야기는 꽤 유명하다. 우리 마음속에서 두 가지 본능이 싸우고 있다는 것을 보여주는 우화다. 착한 늑대는 사랑, 인내, 친절 같은 긍정의 감정이고, 나쁜 늑대는 분노, 질투, 회피 같은 부정의 감정이다. 이 우화의 핵심은 단순하다.

"어떤 늑대에게 먹이를 주느냐가 결국 나를 만든다."

우리 모두 살아가며 수없이 이 싸움을 경험한다. 어쩌면 오늘도 우리는 마음속 늑대들 사이에서 고민하고 있을지 모른다. 그럴 땐 잠깐 멈추고 심호흡을 해보자. 그리고 자신에게 물어보자.

"어떤 선택이 시간이 지나도 나를 부끄럽게 하지 않을까?"

어떤 늑대에게 먹이를 줄 것인지는 오롯이 우리의 선택에 달려 있다.

쉬워 보이던 자리의 무게

교사 시절, 내가 모셨던 원장님은 참 편안하고 우아해 보였다. 특히, 일주일에 한 번 한복을 곱게 차려입고 아이들에게 다도를 가르쳐주실 때, 속으로 다짐했다.

'나도 언젠가 원장이 되면 한복을 열 벌쯤 맞출 거야. 매일 다른 한복을 입고 교실마다 다니며 아이들에게 동화를 들려주는 멋진 원장이 될 거야.'

그렇게 마음속에 품었던 꿈은 예상보다 빠르게 현실이 되었다. 아주 작은 원이었지만 지인과 친척들의 도움으로 나는 20대 중반에 원장이 되었다. 그땐 이렇게 생각했다.

'원장이 되면, 교사 시절처럼 힘들지는 않겠지.'

그러나 곧 알게 되었다. 원장의 길은 내가 상상했던 것처럼 우아하고 낭만적인 길이 아니라는 것을.

현관 앞에 놓인 짝이 다른 신발

"원장님, 오늘 기사님이 몸이 안 좋아 차량 운행이 어렵다고 하시네요."

"원장님… 너무 힘들어서 그만둬야 할 것 같아요."

갑작스레 출근하지 못한다는 기사님, 학기 중간에 퇴사를 통보하는 교사. 이른 아침에 전화벨이 울리기만 해도 가슴이 먼저 철렁 내려앉았다. 통화를 하기도 전에 '이번엔 또 무슨 일일까?' 하는 불안이 심장을 두드렸다.

"원장님, 민영이 넘어져서 머리에 피나요! 병원 가야 할 것 같아요."

아이가 다치기라도 하는 날엔 병원으로 달려갔고, 아이의 집으로 찾아가 부모에게 머리 숙여 사과했다. 사소한 일에도 불쾌함을 드러내며 원으로 찾아오는 학부모에게는 조심스럽게 마음을 다독이며 설득을 이어갔다. 교사가 아프거나 급한 일로 결근하면 곧바로 교실로 들어가 아이들과 하루를 함께 보내야 했다.

그 모든 상황이 한날한시에 몰려올 때면 내가 리더인지, 해결사인지, 땜빵 요원인지조차 분간하기 어려웠다. 숨을 고를 틈도 없이 쏟아지는 크고 작은 일들 앞에서 매일이 그저 버텨내는 시간의 연속이었다. 원장이 된다는 건 단순히 이끄는 사람이 아닌, 예상치 못한 모든 문제의 마지막 책임자가 된다는 뜻이었다.

초보 원장이던 시절, 백일이 지난 아들을 어린이집 옆에 사시는 시어머님께 맡기고 출근했다. 하루는 어머님이 아들을 안고 원장실로 들어오셨다.

"신발 한 짝이 없어져서 한참 찾다가 설마 하는 마음에 와봤더니 내 신발이 여기 있었네. 네가 신발을 짝짝이로 신고 간 거니?"

"어머, 저도 지금 알았어요. 아침에 1호차 타는 선생님이 못 나온다는 전화를 받고 정신없이 급하게 출근하다 보니 제 신발과 어머님 신발을 한 짝씩 신고 나왔나 봐요."

"얼마나 바쁘고 정신없었으면 신발 굽이 다른 것도 몰랐을꼬. 네가 고생이 많구나. 어제는 점심도 못 먹었다더니, 오늘은 챙겨 먹었니?"

현관에 나란히 놓인 두 짝의 다른 신발은 내가 얼마나 분주한 시간을 살고 있는지를 증명했다. 그날 이후, 어머님은 내 퇴근이 늦어도 이해해 주셨고 편히 일할 수 있도록 더 많이 배려

해 주셨다.

그 자리의 무게를 알게 되었을 때

내가 운영하는 원에서 일하던 교사가 훗날 유치원 원장이 되어 나를 찾아온 적이 있었다. 그녀는 조심스럽게 말을 꺼냈다.
"원장님, 원 경영이 이렇게 힘든 줄 정말 몰랐어요. 원장님이 늘 저를 칭찬해 주셔서 제가 정말 대단한 사람인 줄 알았어요. 원장이 되면 분명 잘할 수 있을 거라 믿었죠. 원장님은 늘 행복해 보이고 여유로워 보이셨는데… 막상 원장이 되어보니, 원장님이 얼마나 대단한 분이셨는지 알겠어요. 저도 원장님처럼 웃으며, 교사들의 장점을 찾아내고 칭찬해 주고, 더 긍정적인 리더가 되려고 노력하고 있는데… 정말 쉽지 않네요."

그녀는 자신의 이야기를 하며 교사 시절 나를 더 도와주지 못했던 것이 미안해했다. 많이 외로웠을 나의 마음도 이제야 이해가 된다고 말했다.

지나온 길의 무게를 품으며

지금의 나는 '유아행복연구소'를 운영하며 강의를 하고 있다. 어느 날 강의를 마친 뒤, 한 원장님이 부러운 눈빛으로 다가와 말했다.

"소장님은 좋으시겠어요. 개성 강한 교사들 때문에 속앓이하지 않아도 되고, 사고 날까 봐 마음 졸일 일도 없고, 무엇보다 CCTV 보여달라는 학부모도 없잖아요."

맞다. 연구소에서는 원장 시절 겪었던 일들이 거의 없다. 하지만 이곳에도 넘어야 할 산은 많고 나름대로의 고충이 존재한다. 교사였을 땐 원장이 부러웠고, 원장이 되고 나선 강사로 사는 사람이 부러웠다. 그땐 내가 가장 힘든 줄 알았다.

시간이 흐르며 조금씩 알게 되었다. 세상에 쉬운 자리는 없다는 것, 쉬워 보이는 자리에도 각자 짊어지고 있는 무게와 또 다른 책임이 존재한다는 것을. 이제 누군가의 삶을 부러워하기보다 내가 걸어온 길을 소중히 여기기로 했다.

원장님, 드릴 말씀이 있어요

원장을 하면서 가장 듣기 무서웠던 말이 있다. 교사가 어두운 얼굴로 조용히 문을 열고 들어와 꺼내는 그 한마디.

"원장님, 드릴 말씀이 있어요."

그 순간, 가슴속에 경고등이 켜진다. '혹시 그만두겠다는 건 아닐까?' 학기 도중 교사가 떠나는 일은 원장에겐 정말 아찔한 일이다. 아이들이 먼저 묻는다.

"원장님, 우리 선생님 왜 안 와요?"

학부모의 불안한 마음과 시선은 오롯이 남아 있는 교사진과 원장이 감당해야 했다. 운 좋게 새로운 교사를 빨리 구해도 마음과 손발을 맞추는 데는 시간이 필요하다. 결국, 기존 교사들은 떠난 교사의 업무를 나누어야 함과 동시에 새로운 교사를 가르치는 일까지 맡아야 한다. 한 사람의 갑작스러운 결정이 모든 교직원의 업무를 눈덩이처럼 불어나게 만든다.

해마다 학기 시작 전, 1박 2일 교사 오리엔테이션을 진행했다. 함께 맛있는 음식을 먹고, 대화로 서로를 알아가며 마음을 여는 시간. 마지막 순서쯤 되면 나는 늘 같은 질문을 던졌다.
"선생님들, 제가 원장 하면서 제일 힘든 순간이 언제일 것 같아요?"
잠깐의 정적 뒤에, 나는 웃으며 덧붙였다.
"바로 선생님들이 학기 중에 '원장님, 드릴 말씀 있어요' 하실 때예요."
교사들에게서 웃음이 터지고 나면, 나는 이어 농담처럼 말한다.
"혹시 그 말하실 분 있으면 지금 손들어 주세요. 오늘 안 하시면, 내년 이맘때까지 참으셔야 해요!"
영유아 교사는 3월부터 다음 해 2월까지 아이들의 하루하루를 책임진다. 업의 특성상 평탄한 해는 없다. 때로는 정말 그만두고 싶다는 생각이 들 수 있다. 앞서 언급했듯, 나 또한 교사 시절에 자주 겪었던 일이기에 그 마음을 잘 안다. 선생님들이 일 년, 일 년을 잘 견뎌주기를 바라며 아래 메시지를 전하며 교사 오리엔테이션을 마무리한다.

"선생님, 힘들면 혼자 끙끙 앓다가 퇴사를 결정하지 마시고 꼭 말씀해 주세요. 제가 도울 수 있는 건 뭐든 최선을 다해 도와드릴 테니 올해도 함께 끝까지 힘내 봐요."

17년이 지나도 꾸는 악몽

원장을 그만둔 지 17년이 넘은 지금도 가끔 같은 악몽을 꾼다. 꿈에서는 중요한 행사를 하루 앞두고, 교사들이 단체로 어두운 얼굴을 하고 찾아온다.

"원장님, 드릴 말씀 있어요. 저희 너무 힘들어서 다 그만두기로 했어요."

꿈인데도 너무 현실 같아 가슴이 벌렁거리는 것을 진정시키느라 잠에서 깬다. 뒤늦게 '지금은 원장이 아니구나.' 싶어 안도한다. 마음은 쉽게 가라앉지 않는다. 그만큼 그 같이 지금도 내게 트라우마처럼 가장 두려운 기억으로 남아 있다.

혹시 이 글을 읽는 교사가 있다면, 부디 학기 중 "원장님, 드릴 말씀 있어요."라는 말은 조금 더 신중하게 꺼내주길 간절히 부탁한다. 물론, 당장 너무 힘들어 도망치고 싶은 마음이 들 수 있다. 하지만 당신은 이미 수많은 그런 순간들을 잘 견뎌내며 여기까지 왔다. 지금 떠난다고 더 나은 곳이 기다리고 있으리라는 보장은 없다. 그곳에도 감당하기 어려운 아이가 있고, 더 까다로운 학부모가 있을 수 있다. 지금보다 더 많은 행사와 과중한 업무가 기다릴 수도 있다. 잠시 숨을 고르며 이렇게 스스로에게 말해보자.

"나는 사랑스러운 아이들에게 전부이며 세상이다. 내가 없으면 우리 아이들의 세상은 무너진다. 지금은 많이 힘들지만, 나는 끝까지 책임지고 어려움을 이겨낼 힘이 있는 멋진 교사다."

그 다짐을 다시 붙잡는 순간, 당신은 이미 최고의 교사다.

"역경을 거꾸로 하면 경력이 된다."라는 말을 참 좋아한다. 교사 시절의 수많은 역경이 나를 원장으로 단련시켰고, 원장 시절의 경험은 지금의 나를 강사로 설 수 있게 해주었다. 앞으로도 인생에 역경은 계속 찾아올 것이다. 나는 믿는다. 그 모든 시간이 '경력'이 되어, 또 다른 나를 만들어줄 것이라고.

리더의 표정에 따라
조직의 분위기가 달라진다

"당신은 리더인가요? 오늘 몇 번 웃으셨나요?"

리더의 미소에는 단순한 표정 이상의 의미가 있다. 그 미소 하나가 구성원의 분위기를 바꾸고, 나아가 조직 문화 전체를 바꿀 수 있다.

남편의 학원 일을 돕기 위해 성남에서 하남으로 이사했다. 내가 7년 동안 운영했던 어린이집은 다행히 가장 신뢰하는 원감이었던 C가 맡았다. 그러나 C가 원장이 된 후, 교사들의 표정이 눈에 띄게 어두워졌다. 회의 시간, C 원장은 조심스레 물었다.

"선생님들, 요즘 왜 이렇게 표정이 어두우세요? 아이들 보면서 좀 더 웃어주세요."

그러자 교사들이 망설임 없이 입을 모아 말했다.

"원장님도 요즘 매일 인상 쓰시잖아요. 교사일 땐 참 밝게 웃으셨는데, 원장님 되신 후로는 거의 웃지 않으시는 거 아세요? 원장님 표정이 어두우시니까 우리끼리 눈치 보게 되고, 결국 표정도 따라서 어두워질 수밖에 없어요. 우리가 밝게 웃기를 바라신다면, 원장님부터 예전처럼 웃어주세요."

그 말을 듣는 순간, C 원장은 마치 망치로 머리를 얻어맞은 듯한 충격을 받았다. 그날, 그녀는 책상 위 거울을 들여다보며 자신도 몰랐던 얼굴을 처음 마주했다. 아이 관리, 학부모 상담, 원 운영 등 쉴 틈 없이 밀려드는 책임의 무게가 그녀의 표정에 고스란히 드러나 있었던 것이다. 그 표정은 교사들에게까지 그림자를 드리우고 있었다.

그녀는 그날 이후 매일 아침, 거울 앞에서 미소 짓는 연습을 시작했다. 아이들을 바라볼 때도, 교사들과 이야기할 때도 일부러라도 밝은 표정과 따뜻한 어조를 유지하려 애썼다. 그 변화는 교사들에게 서서히 전해졌고, 원의 분위기도 예전처럼 따뜻하게 밝아졌다.

퇴사했던 교사들이 다시 복직한 이유

우리 원은 행사가 많기로 유명해 교사들이 힘들어하며 퇴사하는 경우도 있었다. 그런데 놀랍게도 1~2년 후 다시 돌아온 교사가 10명이 넘는다. 왜 다시 돌아왔을까?

다시 돌아온 교사들에게 인터뷰를 하면서 세 가지 공통된 이유를 찾을 수 있었다.

첫째, 원장의 웃음이 그리웠다. 근무할 땐 원장인 나의 웃음이 부담스러울 때도 있었다고 했다. 하지만 새로 간 원에서는 원장이 거의 웃지 않았다. 교사들은 눈치를 보기 시작했고, 점차 마음이 무거워졌다. '아, 그선해 원장님의 웃음이 나를 안심시켜 주고 있었구나.' 그제야 내 웃음의 가치를 알게 되었다고 한다.

둘째, 교사용 반찬이 생각났다. 아이들 반찬만으로는 교사들의 입맛을 채우기 어려워 조리사님께 교사용 반찬을 따로 부탁하곤 했다. 계절 나물이나, 아이들에겐 간이 세서 줄 수 없던 겉절이 같은 것들. 그 따뜻한 밥 한 끼가 매일 점심시간을 기다리게 했고 다른 곳에 가보니 그 '사소한 배려'가 얼마나 큰 위로였는지 새삼 느껴졌다고 했다.

셋째, 칭찬이 듣고 싶었다. 이곳에서는 원장이 나도 모르는 내 장점을 찾아 칭찬해 줬다. 그땐 당연한 줄 알았던 칭찬 한마디가 그렇게 듣고 싶을 줄은 몰랐다. 새로운 곳에서는 단 한 번도 칭찬을 듣지 못하면서 자존감이 무너지는 경험을 하게 되었다고 한다. 그들은 입을 모아 이야기했다.

"누군가 제 가능성을 믿고 응원해 줄 때, 자신의 잠재력을 발휘할 수 있게 된다는 걸 그제야 알았어요."

리더의 표정과 말 한마디가 조직에 남기는 흔적

다시 돌아온 교사들의 이야기를 들으며 나는 확실히 깨달았다. 리더의 표정 하나, 말 한마디가 교사들의 마음과 원의 분위기에 생각보다 훨씬 큰 파장을 남긴다는 것을. 리더에게 필요한 자질은 다양하지만 웃음, 칭찬, 긍정의 힘은 리더십을 구성하는 가장 근본적인 요소이다. 리더의 미소는 구성원들에게 "당신은 잘하고 있습니다."라는 메시지를 전하는 에너지다. 리더의 칭찬은 상대의 가능성을 끌어올리는 가장 따뜻한 격려다.

긍정의 힘은 어려움 속에서도 가능성을 보게 하고 다시 일어설 수 있도록 용기를 북돋는다. 리더는 단순히 지시하고 결정하는 사람이 아니다. 조직의 분위기를 설계하고 구성원들이 마음 놓고 성장할 수 있는 '토양'을 만들어주는 사람, 그런 사람이 바로 리더다.

감사하는 마음이 모든 것을 변화시킨다.
- 윌리엄 아서 워드

제 3장

감사는 행복의
문을 여는 열쇠다

감사는 사소하지단 강력한 힘을 갖고 있다. 따스한 햇살, 동료의 웃음, 사랑하는 자녀의 한마디. 소소한 일상 속에서 감사할 거리가 얼마나 많은지 깨달을 때 행복이 당신의 곁으로 성큼 다가왔음을 알게 될 것이다. 3장에서는 감사의 힘이 사람과 공동체를 어떻게 변화시키는지, 그리고 어떻게 지속 가능한 문화로 만들었는지 이야기한다.

감사의 기적,
절망 속 한 줄기 빛이 되어

"내 수중에 100만 원만 있으면 좋겠다."

2008년. 그렇게 간절히 바란 적이 있었다. 그 무렵 우리 집은 경제적 부도로 깊은 수렁에 빠져 있었다. 카드값은 밀렸고 비어 있는 냉장고처럼 내 삶도 함께 텅 빈 것 같았다.

평일에는 원을 경영하고, 주말이면 전국을 다니며 강의를 하느라 제대로 쉬지도, 나를 돌보지도 못한 채 열심히 살고 있었다. 무엇이 어디서부터 잘못된 걸까? 왜 파산 직전까지 가게 된 걸까? 잘살아보고 싶어 누구보다 열심히 달려왔는데, 나는 왜 이런 결과와 마주해야 할까? 질문을 거듭할수록 눈물만 흘렸다. 웃음도 사라지고, 눈에 총기도 잃어갔다. 열심히 살아온 시간이 허무하게 손가락 사이로 빠져나가는 것만 같아 마음이 공허했다.

그럼에도 포기할 수 없었던 이유는

집을 줄이고 사업을 정리했지만 모든 빚을 다 갚을 수는 없었다. 그러던 어느 날, 집에 낯선 사람들이 찾아왔다. 혼자 있던 중학생 아들에게 "부모님 어디 계시냐? 동생은 어느 학교 몇 학년, 몇 반이냐?" 묻더니 "이번 주까지 입금 안 되면 다시 온다고 부모님께 전해라."라는 말을 남기고 문을 쾅 닫고 나갔다고 했다.

저녁이 되어서야 조심스레 이야기를 꺼낸 아들의 눈엔 두려움이 가득했다. 그 말을 듣는 순간, 가슴이 철렁 내려앉았다. 부모로서의 무력감이 온몸을 짓눌렀다. 캄캄한 어둠 속을 걸을 수도 없게, 한없이 아래로 떨어지는 것만 같았다. 빛 한 줄기 새어 나오지 않는 어둠 속에 영영 갇혀버릴까 봐, 그날 밤 나는 눈도 감지 못했다.

결국, 뜬눈으로 날을 지새웠다. 세수를 하고 옷을 갈아입었다. 오랜만에 거울 앞에 선 나는 낯설고 초라했지만 일단 문을 열고 나가 보기로 했다. '이대로 주저앉을 수는 없다. 절망의 끝자락에 서 있지만 나는 아직 살아 있고, 할 수 있는 일이 있다.'

희망의 생각으로 채우며 정처 없이 거리를 걷다가 문득 발길이 멈춘 곳은 하남 시립도서관이었다.

감사라는 빛, 그 길 끝에서 나를 만나다

도서관에서 닥치는 대로 책을 읽다가 전광 독사님의 《평생감사》를 펼쳤다. "이미 가진 것에 감사하라." 짧은 한 문장이 마음 깊은 곳에 스며들었다. 그 자리에서 조용히 펜을 들고 적어보았다.

- 아침마다 눈을 떠 가족을 볼 수 있음에 감사합니다.
- 일터는 사라졌지만 여전히 내가 할 수 있는 일이 있음에 감사합니다.
- 집은 작아졌지만 함께 모여 밥을 먹고 쉴 수 있는 공간이 있음에 감사합니다.
- 마음이 힘들지만 무너지지 않고 도서관에 와서 책을 읽는 오늘에 감사합니다.
- 긍정과 웃음, 인내심이 여전히 내 안에 남아 있음에 감사합니다.
- 경제적인 어려움은 있지만 몸이 건강해서 감사합니다.

가진 것의 대부분을 잃어버렸다고 생각했는데, 하나하나 적다 보니 내게 꽤 많은 것들이 남아 있었음을 깨달았다. 정말 감사하고 소중했다. 절망의 끝에서 시작한 감사는 어둠 속에서 비친 한 줄기 빛이었다. 감사는 내 시선을 '잃은 것'에서 '남아 있는 것'으로 돌려주었고, 무너진 현실 속에서도 다시 일어설 용기를 주었다.

 텅 빈 냉장고, 밀린 카드값, 빚쟁이들의 방문…. 고통스러운 순간에도 나는 숨 쉴 수 있는 몸이 있었고, 사랑하는 가족이 있었으며, 책을 읽을 수 있는 도서관이 곁에 있었다. 그날 이후, 매일 '살아 있음'에 감사하기로 했다. 감사는 하루하루를 견디는 나에게 작은 불빛이 되어 다시 일어설 힘을 주었다.

그럼에도,
감사합니다

오프라 윈프리는 가난과 성폭행, 미숙아 사산, 그리고 과약과 약물 중독까지…. 삶에 드리울 수 있는 가장 어두운 그림자를 온몸으로 통과한 사람이었다. 누구라도 무너졌을 법한 그 시련 속에서 그녀는 결코, 주저앉지 않았다. 오히려 상처를 딛고 자신의 꿈을 향해 꿋꿋이 걸어갔다. 그녀의 목표는 단순히 살아남는 것이 아니었다. 사람의 삶을 더 깊고 넓게 변화시키는 진정한 영향력을 지닌 존재가 되는 것이었다.

결국 오프라는 토크쇼 진행자이자 배우, 자선가이자 프로듀서로서 세계적인 성공을 거두었고 미국에서 가장 영향력 있는 인물 중 한 명으로 자리 잡았다. 그런 그녀가 스스로를 지탱한 힘으로 꼽은 것은 바로 '감사'였다. 누구도 알아주지 않는 절망의 순간에도 오프라는 감사일기를 쓰고 감사 명상을 실천하며 마음속에 스스로 작은 빛을 켰다. 고통을 외면하지 않고 그 안에서 의미를 찾으려는 용기. 어쩌면 진짜 감사란 그런 순간에도 삶을 포용하겠다는 조용한 결심인지도 모른다.

나 역시 감사일기를 쓰면서 부정적인 순간들을 조금씩 다른 시선으로 바라보는 힘을 키워왔다. 실수한 날에는 "오늘의 실수가 오히려 나에게 신중함을 가르쳐주었음에 감사합니다."라고 적으며, 실수를 성장의 기회로 받아들였다. 일이 많아 지치는 날에는 "끊임없이 해야 할 일이 떠올라 몸과 마음은 피곤하지만, 이 노력이 결실로 이어질 것을 믿기에 미리 감사합니다."라며 스스로를 다독였다. 자존감이 바닥을 치는 날에는 "부족함이 많아도 지금까지 많은 일을 해내며 여기까지 올 수 있었음에 감사합니다."라며 자신을 인정하는 연습을 했다.

감사일기가 좋다더라는 말에 혹해 시작하면 금방 그만두기 쉽다. 사람은 자신에게 실질적인 유익이 있다고 느낄 때만 행동을 지속한다. 그래서 감사가 내 삶에 어떤 유익을 주는지 아는 것이 중요하다.

감사가 주는 유익

1. 감사는 뇌를 긍정적으로 만든다.

감사하는 태도는 뇌에서 긍정적인 감정을 강화하고, 부정적인 감정을 약화한다. 연구에 따르면, 감사는 뇌의 보상 회로를 자극해 도파민과 세로토닌 같은 긍정적 신경전달물질의 분비를 활발하게 한다. 그중 도파민은 동기부여와 만족감을 유도하는 물질이다. 감사하는 습관은 도파민 분비를 증가시켜 우리의 정서가 더 밝고 안정적으로 유지하도록 한다.

2. 감사는 자존감을 높인다.

감사일기를 꾸준히 쓰는 사람, 그리고 일상에서 감사를 자주 표현하는 사람은 자기 자신을 보다 긍정적으로 바라보는 경향이 있다. 감사는 나의 강점과 가능성을 인식하게 하고, 있는 그대로의 나를 받아들이게 하여 결과적으로 자존감을 단단히 세워준다. 더불어 감사하는 태도는 타인과의 관계를 원만하게 바꾸는 힘이 있다.

3. 감사는 수면의 질을 높인다.

감사일기를 습관처럼 쓰는 사람은 그렇지 않은 사람에 비해 더 쉽게 잠들고, 더 깊은 잠을 잔다고 한다. 삶을 낙관적으로 바라보는 긍정적 인지는 수면을 방해하는 부정적 인지를 감소시

킨다. 이는 수면전 인지(pre-sleep cognitions)를 개선하여 편안한 마음으로 하루를 마무리할 수 있도록 돕는다.

굳이 연구결과로 증명하지 않더라도, 우리는 감사의 힘을 평범한 일상에서도 분명하게 느낄 수 있다. 삶이 완벽하지 않더라도 그 안에서 감사할 무언가를 찾아내는 태도는 우리를 더 단단하게 만들고 결국엔 삶을 더 따뜻하고 풍성하게 바꾸어 놓는다.

감사는 힘든 시기를 견디게 하고, 지나온 시간을 의미 있게 정리해 주며, 다가올 시간을 기대하게 만드는 힘이다. '그럼에도, 감사합니다' 이 장의 제목처럼 어떤 시련과 어려움 속에서도 우리가 품은 감사의 마음은 작지만 찬란한 빛이다. 그 빛이 우리 삶을 비추고, 어둠 속에서도 걸어갈 용기를 준다.

억지로라도
감사해야 하나요?

"요즘 원장님 마음은 어떠세요?"

통화를 하던 도중, K 원장님에게 조심스럽게 물었다. K 원장 님은 깊은 한숨을 내쉬며 말했다.

"교사들은 툭하면 그만두겠다고 말하고 부모들은 사소한 일 에도 민원을 제기해요. 새벽부터 밤늦게까지 저 혼자 동동거리 는 느낌이에요."

그리고는 씁쓸하게 웃으며 덧붙였다.

"소장님은 매번 '감사는 축복의 통로고, 행복의 문을 여는 열 쇠'라며 감사일기를 쓰라고 하시는데… 저는 솔직히 감사가 너 무 어렵습니다. 감사할 게 있어야 감사일기를 쓰죠."

교육과 원 운영에 최선을 다하는데도 크고 작은 사건과 민원에 지쳐 있는 K 원장님의 마음이 고스란히 전해졌다. 나 역시 원을 운영했었기에 비슷한 일들로 힘들었던 경험이 떠올랐다. 감사로 회복했던 내 경험이 그녀에게도 도움이 되길 바라는 마음으로 조심스럽게 입을 열었다.

"원장님, 많이 힘드시죠? 원장님의 이야기를 듣다 보니 저도 원장 시절 힘들었던 일들이 떠오르면서 크게 공감이 되네요. 누구나 감사가 좋은 건 알지만, 힘든 상황에서도 떠올리긴 정말 어려운 것 같아요. 저도 처음엔 실천하고 싶은 마음은 있었지만 좀처럼 떠오르는 것이 없어 힘들었어요. 그런데 이런 말을 들었어요. '감사는 떠올리는 것이 아니라 찾는 것이다.' 그 말을 듣고 나서부터는 힘든 상황을 다시 해석하며 감사해 보려 노력했어요. '툭하면 그만두겠다고 말하는 교사지만, 오늘도 출근해 줘서 감사하다.', '사소한 일에도 민원을 넣는 학부모지만, 다른 원으로 옮기지 않고 우리 원에 아이를 보내줘서 감사하다.', 이렇게 상황을 다르게 바라보며 감사 거리를 찾다 보니 차츰 감사할 일들이 보였어요."

내 이야기를 듣던 K 원장님은 잠시 생각에 잠기더니 조용히 말했다.

"소장님도 힘든 상황에서 감사로 무장하면서 여기까지 오셨군요. 소장님을 믿고 저도 한 번 도전해 볼게요. 감사가 안 떠오르면, '억지감사'부터라도 해볼게요."

그녀의 맘 속엔 작지만 단단한 희망이 깃드는 것이 느껴졌다.

억지감사, 진짜감사로 피어나다

몇 달 뒤, 그녀에게서 반가운 전화가 걸려 왔다.

"유아행복연구소에서 제안한 감사 챌린지를 우리 원에서도 시작했어요. 원장인 제가 먼저 솔선수범해야겠다는 생각에 오픈채팅방에 감사했던 일을 매일 다섯 개씩 올리고 있어요. 처음에는 감사거리가 도무지 떠오르지 않아 억지감사를 하는 날도 많았어요. 그런데 어느 순간 마음 깊이 진짜 감사를 하는 저를 발견했어요. 억지로라도 찾다 보니 진심으로 고마운 순간들이 하나둘 보이기 시작했고, 감사하는 마음으로 하루를 마무리하다 보니 스트레스도 눈에 띄게 줄었어요. 예전 같으면 짜증부터 냈을 상황도 요즘은 '어떻게 긍정적으로 해석해 볼까?' 생각하게 돼요. 그래서 웃음도 훨씬 많아졌고요. 어느새 저도 모르게 '감사합니다, 감사합니다.'를 입에 달고 살고 있어요. 요즘은 감사 화장 덕분인지 제 미모도 점점 빛이 나고 있어요. 웃음이 많아지니 얼굴빛도 환해졌다는 말도 자주 들어요. 하하하!"

수화기 너머 그녀의 웃음에는 예전보다 훨씬 더 밝은 에너지와 삶에 대한 여유가 묻어 있었다.

팀원들과 함께 쓰는 감사일기

오래전부터 연구원들과 감사일기를 함께 써왔지만, 업무가 바쁘다 보니 쓰다 멈추기를 반복했다. 감사의 이로움은 알고 있었으나 습관으로 정착시키는 일은 좀처럼 쉽지 않았다. 감사일기를 함께 쓰기 위해서는 분명한 동기와 함께 지속 가능한 시스템이 필요했다.

먼저 회의 시간에 조심스럽게 내 이야기를 꺼냈다. 삶의 어려움 속에서 감사일기를 쓰며 마음에 긍정을 심었고, 책을 읽으며 새로운 가능성을 발견했다는 고백이었다. 그리고 그런 복을 우리 팀원들과도 함께 나누고 싶다고 전했다.

"우리 함께 한 해 동안 감사일기를 써보면 어떨까요?"

이 제안은 단순한 업무 과제가 아닌 우리가 더 행복하게 일하기 위한 것이었다. 출근 후 10분만 투자하여 감사한 일 다섯 가지를 적어 보자고 권유했다. 감사할 일들을 떠올리며 적는 그 시간이 우리에게 작은 쉼표가 되어줄 것이라 믿었다. 감사일기 습관을 만들기 위해, 첫 달에 하루도 빠지지 않고 감사일기를 쓴 사람에게는 '하루 휴가 쿠폰'을 선물하겠다고 약속했다.

첫 번째 달엔 다섯 명 중 한 명만이 완주했지만, 두 번째 달엔 네 명이 성공했고, 세 번째 달엔 전원이 성공했다. 모두에게 휴가 쿠폰을 전하며 기쁨을 나누었다. 지금은 굳이 보상을 주지 않아도 누구 하나 빠지지 않고 열심히 감사일기를 쓰고 있다. 감사는 습관이 되었고 습관은 문화를 만들었다.

감사가 가지고 온 변화

2025년 3월, 월급을 송금한 날. 나는 연구원들에게 감사일기 프로젝트에 대한 세 가지 질문을 했다.

1. 감사일기를 처음 쓰라고 했을 때 어떤 감정이 들었나요?

2. 감사일기를 쓰면서 어떤 변화가 있었나요?

3. 팀원들과 함께 감사일기를 쓰고 공유하며 좋았던 점 다섯 가지는 무엇인가요?

윤주임 연구원

"일상에서 감사한 것들을 가끔 떠올리곤 했는데, 기록으로 남길 수 있어서 좋았습니다."

"매일 사소한 것에도 감사하는 마음이 생깁니다. 화가 나거나 짜증이 날 때도 감사를 떠올리며 마음을 다스리게 됩니다. 매번 새로운 감사 거리를 찾는 게 쉽지는 않지만, 돌아보면 감사한 일상이 늘 제 곁에 있음을 느낍니다."

- 감사 거리를 습관처럼 찾게 된다.
- 혼자였다면 지속하지 못했을 텐데, 함께여서 가능하다.
- 나의 하루를 기록하고 누군가와 나눌 수 있다.
- 팀원들의 일상을 알게 되어 마음이 더 가까워진다.
- 서로의 하루를 알게 되며 이야기와 공감이 많아진다.

권유진 연구원

"감사한 일들을 글로 옮기니 오히려 그 감정이 더 선명하게 다가와 기뻤습니다."

"기록하는 감사는 저에게 '감사 인증서' 같은 것이 되었어요. 지나가 버릴 뻔한 순간에 대한 감사를 남길 수 있었고, 기분이 가라앉을 때면 그 일기를 통해 스스로를 다시 일으킬 수 있었습니다. 1,000번째 감사를 남길 쯤에는 저도 모르게 가족에게 더 자주 고마움을 표현하고 주변 사람들에게 따뜻한 하루를 선물하고 싶은 사람이 되어 있었습니다."

- 감사함을 말로 표현하지 않아도 일기를 통해 전달된다.
- 함께하는 사람들이 행복해 보이면 나도 덩달아 기쁘다.
- 팀원들의 시선으로 내가 놓친 감사함을 다시 발견하게 된다.
- 팀원들의 감사일기에 공감을 누르며 서로의 하루를 응원하는 마음이 생긴다.
- 감사할 줄 아는 사람들과 함께 있다는 사실이 행복하다.

박재정 연구원

"막상 쓰려니 뭘 써야 할지 잘 모르겠지만 '이걸 하면 뭐가 달라질까?' 궁금했습니다."

> "하루에 5개 쓰기도 어려워 고민하고 생각하느라 힘들었던 제가 지금은 15개도 금방 씁니다! 그만큼 제 하루 안에 감사할 일이 너무 많다는 것을 깨닫고, 그것을 어렵지 않게 찾을 수 있게 되었습니다. 감사를 표현하지 못했던 제가 이렇게까지 변화하리라고는 생각하지 못했는데, 참 많은 변화를 가져온 것 같습니다."
>
> - 내 감사 목록에 매일 팀원들에 대한 감사가 자연스레 들어가게 된다.
> - 잘 몰랐던 팀원들의 일상이나 생각에 대해 알게 된다.
> - 내가 생각하지 못했던 감사를 팀원들의 감사를 통해 발견하게 된다.
> - 서로의 감사일기를 읽으며 말로는 하지 못한 부분을 표현할 수 있다.
> - 함께라서 재미있고 함께라서 가능하다!

내가 받은 복을 연구원들도 누리기를 바라는 마음에서 시작한 감사일기 프로젝트는 우리 팀을 크게 성장시켰다. 원래도 우리 팀은 좋은 동료애를 자랑했지만, 함께 감사일기를 쓰면서 서로의 일상과 마음을 더 깊이 이해하고 응원하는 진정한 파트너로 거듭났다. 어느 날, 우리 연구원 중 한 사람이 쓴 감사일기에 이렇게 적혀 있었다.

"세계 최고의 팀워크를 자랑하는 직장에서 일할 수 있어 감사합니다."

그 짧은 문장에 우리가 함께 만들어온 따뜻한 문화와 신뢰의 힘이 온전히 담겨 있었다. 감사를 기록하는 하루는 결국 우리가 서로를 더 깊이 알아가고, 이해하고, 사랑하도록 만들었다.

 우리는 감사할 줄 아는 사람들과 함께 일하는 것만으로도 충분히 감사할 일이라는 것을 안다. 감사는 단순한 말이나 습관이 아니다. 그것은 서로를 연결하고, 어려움을 함께 견디게 하며 일상의 작고 소중한 순간들 속에서 희망을 발견하게 하는 힘이다. 이 작은 감사의 씨앗들이 자라 우리 팀을 더욱 단단하게 만들었고, 서로에게 든든한 울타리가 되었다. 앞으로도 우리는 매일 감사일기를 쓰며 서로의 삶에 더 깊은 의미와 따뜻한 행복을 채워나가려고 한다.

감사 챌린지
: 우리 원이 달라졌어요

"아이들이 없어서 원아모집이 너무 어려워요."

"바로 옆의 원도 결국 문을 닫는대요. 저희도 언제까지 버틸 수 있을지 모르겠어요."

원아 수가 줄어드는 현실은 원의 존립과 직결된 문제다. 원아를 한 명이라도 더 모집해야 한다는 절박함 속에서 원들 사이의 경쟁은 점점 과열되고 있다. 실제 현장에서는 "다른 원은 상담만 받아도 선물을 주던데, 여기는 뭐 안 주나요?"라고 말하는 부모도 있다고 한다.

원의 입장에서 볼 때, 입학 상담 선물을 준비하면 당장 원아

한 명을 더 모집할 수 있을지도 모른다. 부모의 입장에서도 이왕이면 하나라도 더 주는 원이 끌릴 수도 있다.

그러나 이런 방식은 교육의 본질을 흐리는 안 좋은 여다. 아이를 교육 기관에 보내는 이유를 잘 생각해 보자. 초점을 아이에게 맞추지 않으면 교육의 질을 따지는 대신 더 많은 보상을 주는 원을 선택하게 되고, 원은 점점 더 큰 보상을 할 수밖에 없는 악순환을 낳게 된다.

'교육기관으로서의 가치를 지키면서도 학부모와 깊이 있는 관계를 맺을 방법은 없을까?' 수많은 고민 끝에 탄생한 것 중 하나가 바로 '감사 챌린지'다. 감사 챌린지의 목표는 감사를 통해 원과 학부모 사이에 긍정적인 소통의 고리를 만들고, 상호 협력적인 관계를 형성하여 결과적으로 소중한 아이들이 행복하게 성장하도록 돕는 것이다. 감사 챌린지는 총 3단계로 진행된다.

1단계 : 원장님의 감사 챌린지

원장님이 먼저 감사한 일 세 가지를 원 SNS에 일주일간 게시하며 챌린지를 시작한다. 소소한 일상 속 감사, 뜻밖의 위로, 아이들의 작은 성장, 함께한 선생님에 대한 고마움이 담긴 원장님의 감사 챌린지는 교사와 학부모에게 원장님의 진심을 엿볼 수 있는 창이 되어준다. 무엇보다 원장님의 실천을 통해 간접 경험하게 되는 감사의 힘은 교사와 학부모의 자연스러운 참여를 유도한다.

2단계 : 선생님의 감사 챌린지

2주 차부터는 교사들이 참여한다. 개인적인 감사부터 아이들의 행동이나 학부모의 응원하는 말, 동료 교사에 대한 고마움까지. 크고 작은 마음을 담아 SNS에 공유하며 하루를 긍정적으로 정리하는 시간을 갖는다. 선생님의 감사 챌린지는 아이들을 정성으로 돌보고 가르치는 교사의 하루를 학부모가 알 수 있게 해주고, 각자 교실에서 일하며 서로 교류할 일이 적어진 교사들 사이를 부드럽게 만들어 원 내 분위기를 밝게 이끄는 효과가 있다.

3단계 : 학부모의 감사 챌린지

원장님과 교사들의 챌린지를 지켜본 학부모는 자연스럽게 관심을 갖고 원에서 소통하는 SNS를 통해 감사의 마음을 표현하기 시작한다.

"아침마다 밝은 미소로 우리 아이를 따뜻하게 맞아주셔서 감사합니다."

"오늘도 ○○이가 선생님들의 사랑으로 유치원에서 행복하게 지낼 수 있어 감사합니다."

"원에서 진행하는 감사 챌린지 덕분에 작은 일에도 감사하는 습관이 생겨 감사합니다."

처음부터 "학부모님, 감사한 일을 매일 올려주세요."라고 말했다면 이런 반응을 이끌어내기 쉽지 않았을 것이다. 원장님과 선생님들의 감사 챌린지를 통해 전해진 진심은 자연스럽게 학부모들의 참여를 이끌었다.

감사 챌린지를 실천한 원장님들은 기대 이상으로 좋은 학부모의 반응에 놀라며 나에게 감사 인사와 생생한 후기를 길게 보내주시곤 한다.

"감사 챌린지 시작 전 '우리 부모님들이 과연 참여할까?' 싶어 진행을 망설이기도 했는데 자연스럽게 감사 릴레이가 이루어져 깜짝 놀랐어요. 소장님 말씀처럼 감사 챌린지는 커다란 보상 없이도 참여하시는 분이 많았어요. 이런 좋은 프로젝트 기획해 주셔서 정말 감사합니다."

원장님들의 생생한 후기에 나와 연구원들은 큰 보람을 느낀다. 감사 챌린지는 생각보다 많은 것을 바꾼다. 우리 아이를 돌봐주는 선생님의 존재, 사소한 것까지 챙겨주는 손길, 아이를 등원시키며 생긴 나만의 시간…. 그동안 '당연한 것'으로 여겼던 모든 것이 '감사한 것'으로 바뀌어 간다. 감사를 마음에만 담지 않고 표현하기 시작하면서 서로의 관계는 단단하고 깊은 뿌리를 내리기 시작한다.

다음 장에는 감사 챌린지를 실천한 원장님, 선생님, 그리고 학부모님의 생생한 이야기가 이어진다. 그들은 어떻게 변화를 만들어냈을까? 감사는 어떻게 한 공동체의 문화를 바꾸었을까?

감사 릴레이로
원의 문화가 바뀌다

유아행복연구소에는 아주 아름다운 문화가 있다. 서로서로 가진 것을 아낌없이 나누는 문화다. 연구소에서 진행하는 다양한 교육이 끝나면 원장님들께 현장에서 바로 사용 가능한 실용적인 자료를 제공한다.

원장님들은 그 자료를 원에 맞게 활용하고, 실천한 사례를 단톡방이나 줌에서 모여 서로 나눈다. 원장님들이 나누는 사례는 교육을 듣고 망설이는 분들에게 큰 동기부여가 되어 실천을 이끈다. 그럼 연구소에서는 또 실천 사례를 모아 A/S 교육을 진행한다. 아직 실천하지 않은 원장님께는 한 번 더 도움을 드리고, 이미 진행한 원장님께는 타 원의 사례를 통한 아이디어를 얻게 하며 '선순환 시스템'을 만든다.

 2025년 4월에 진행한 감사 챌린지 강의를 들은 후, 5월부터 먼저 실천하신 원장님 두 분의 사례 발표가 있었다. 현장감을 살리기 위해 녹음했던 내용을 그대로 가져왔다. 자세히 나누어 주셨기에 유아행복연구소 강의를 듣지 않은 분들도 감사 챌린지가 무엇인지 감을 잡을 수 있을 것이다.

성경석 원장님 / 원광어린이집

 안녕하세요. 저는 부산 영도에 있는 원광어린이집 원장 성경석입니다. 5월 21일, 부부의 날을 기점으로 감사 챌린지를 시작했습니다. 많은 부모님이 자연스럽게 댓글을 다는 모습을 보며 '이거 되겠는데?' 하는 생각이 들었습니다. 그래서 '우리 선생님들도 해보자!' 하고 마음먹었습니다.

 별도의 교직원 감사 챌린지 방을 만들어 진행했는데 생각보다도 반응이 너무 좋았습니다. "지금까지 우리는 안 해주고 왜 부모님들만 해주셨나요?"라는 말까지 나왔고요. 그렇게 해서 기사님, 조리사님, 보조·연장 선생님들까지, 총 12명의 교직원 전원이 참여하게 되었습니다. 21일 동안 감사한 일을 하루에 3개씩 적도록 했는데, 놀랍게도 모두가 빠짐없이 매일 참여했습니다. 조금 걱정될 정도로 열심히들 하시더라고요. 그 과정에서 서로를 이해하는 일들이 생겼습니다. '왜 저러지?' 했던 동료의 행동이 '그래서 그랬구나' 하고 납득되기도 했고요. 관계의 온도가 바뀌는 순간들이었습니다.

또 한 가지, 챌린지가 잘 굴러가도록 도와준 요소들을 소개하고 싶습니다. 첫 번째는 소장님이 알려주신 '공약' 시스템, 두 번째는 소정의 선물과 점수제도, 세 번째는 분위기를 띄워주는 핵심 학부모님의 도움입니다. 그리고 교사들에게 "댓글 좀 달아달라"고 조심스럽게 부탁드린 것도 큰 도움이 되었습니다. 그 덕에 감사 챌린지는 꼬리에 꼬리를 물며 이어졌습니다. 정말 소장님이 알려주신 방법은 '요리계의 만능 간장' 같은 비법이 아닐까 싶습니다. 마지막인 공약대로 교직원에게는 배달앱 쿠폰을, 부모님에게는 점수에 따라 커피, 치킨 쿠폰을 보내 드렸습니다. 그랬더니 또 감사가 꼬리를 물고 이어졌습니다.

이 챌린지를 통해 교직원 간의 관계가 단단해졌고, 무엇보다 이직률이 확실히 줄었습니다. 저희 원이 있는 부산 영도는 고령화 속도가 매우 빠르고 원아 모집이 어려워서 해마다 문을 닫는 어린이집이 많은데, 저희는 오히려 대기가 꽤 있는 편입니다. 선생님들도 나가야겠다는 말없이 지금까지 함께

하고 계시고 회의 분위기 또한 달라졌습니다. 이런 모든 변화들이 감사 챌린지의 나비효과가 아닐까 생각합니다. 그래서 아직 챌린지를 망설이고 계신 분들께는 이 한마디를 해 드리고 싶습니다.

"일단 한번 해보시라니까요. 하면 됩니다!"

소장님이 늘 하시는 말씀이죠. 저도 그 말 외에는 더 드릴 말씀이 없습니다. 끝으로, 요즘 광고 중에 이런 문구가 있더라고요. "아로나민 골드를 먹은 날과 안 먹은 날의 차이를 아십니까?" 저는 이렇게 바꿔서 말씀드리고 싶습니다. "감사 챌린지를 한 날과 안 한 날의 차이를 아십니까?" 느껴보시길 바라며, 제 발표를 마치겠습니다. 끝까지 들어주셔서 감사합니다.

김송현 원장님 / 무지개어린이집

안녕하세요. 감사로 똘똘 뭉친 무지개어린이집 원장 김송현입니다. 저는 2023년부터 유행소와 함께 감사 챌린지를 시작했습니다. 사실 처음에는 '감사'라는 것이 어색하고 낯설었습니다. 그저 '시키는 대로' 감사 낭독을 시작했는데요, 그러면서 감사 효과를 체감하기 시작했습니다. 그 이후 2024년에는 망설이지 않고 무조건 따라 했습니다. 학부모와의 감사 챌린지는 21일, 66일, 100일을 달성했고, 100일 완주를 성공한 부모님들께는 수료증도 드렸습니다. 그 감사 방에 계신 학부모님은 어린이집 졸업 후에도 여전히 '감사 나눔 중'입니다.

감사의 힘은 정말 중독성이 강한 것 같습니다. 저는 처음엔 교사들과의 감사 나눔이 참 어려웠습니다. 그래서 부모님들과 먼저 시작했어요. 자율 독서방, 취미방 어머님들께 먼저 협조 요청을 드리고, 댓글 달기, 수료증, 선물, 담임교사의 조기 퇴근권, 아이들 간식 등 다양한 방식으로 참여를 독려했지요. 억지로 시작한 감사였지만, 시간이 지나며 자연스레 우리 원의 문화로 자리를 잡았습니다.

감사의 열기가 점점 뜨거워지자 자연스럽게 그 열기를 교사들과도 공유하게 되었습니다. 부모님들의 감사가 담임 선생님에게 전해지고, 선생님들은 아이들을 더 깊이 이해하고 진심으로 교육하게 되었지요. 그리고 신기하게도 감사가 반복되면서 여유가 생기기 시작했습니다.

"괜찮아, 그럴 수 있어."
"지금 멈춰서 다행이야."
이런 말들이 오가며 마지막엔 우리 모두가 '무지개어린이집'이라는 공동체 자체에 감사하게 되었답니다. 감사가 존중과 존경을 낳고, 그 속에서 공감과 긍정의 언어가 자연스럽게 피어나기 시작했습니다. 덕분에 서로 협업하는 분위기가 너그러워지고, 어린이집의 품격이 올라간 것 같아요. 230명의 아이들과 40명의 교사가 함께하는 전쟁 같은 일상 속에 '감사'라는 꽃이 피니, 분위기와 구성원들의 말투가 모두 부드러워졌습니다. 이제 무지개어린이집은 존중받고 배우며 성장하는 '눈부신 배움터'가 되었습니다. 감사 덕분입니다.

2024년엔 선물 공세 없이 감사 낭독 글을 코팅해 액자로 만들어 드렸고, 어린이집 앞에 감사 현수막도 걸었습니다. 그 작은 정성이 선생님들 가정에도 기쁨이 되었고 어린이집 복도에서 주고받는 "감사합니다, 사랑합니다"가 자연스러운 문화가 되었어요. 조용히 앉아 소통할 시간이 부족한 유아교육 현장에서, 감사일기를 통해 서로의 깊은 사유와 일상을 나누는 건 참 소중한 경험이었습니다. 이번 2025 감사 챌린지 시즌2도 저는 듣자마자 바로 교사들과 공유했고 지금 2일 차를 달리고 있습니다. 원장인 제가 먼저 하고, 다음은 교사, 마지막은 부모 순으로 실천하고 있습니다.

저는 20년 전 유행소 고선해 소장님을 만나 전염병에 걸렸습니다. 그 병은 '무조건 따라 하는 병' 묻지도 따지지도 않고 따라 하다 보니, 어느새 저도 긍정왕, 나눔왕, 그리고 이제는 감사왕이 되어가고 있습니다. 이미 시작 원장님들도, 지금 망설이는 분들도, 모두 괜찮습니다. 우리 모두 감사 향기를 품고 함께 자라가요. 마지막으로 지금 이 발표 듣고 계신 원장님, 얼굴에 뭐 묻었어요. 뭔지 아세요? 바로 '감사 화장발' 감사함이 얼굴에 묻어나니 그 어느 때보다 빛나 보입니다. 거울 보며 감사 화장, 매일 하자고요! 오늘도, 내일도 감사합니다.

유행소 원장님들은 모두 명스피커다. 마이크만 전달해 드리면 명언이 쏟아진다. 두 분의 사례 나눔을 글로 옮기는 중, 마음이 몽글몽글해졌다. 그들의 목소리엔 진심이 담겨 있었기 때문이다. 그 진심은 공동체를 조금씩, 그러나 확실하게 바꾸어 놓았다.

감사는 거창한 철학이 아니라, 오늘 누군가에게 건네는 다정한 말 한마디에서 시작된다. 작은 시작이 공동체의 분위기를 부드럽게 만들고, 관계의 온도를 높이며 신뢰로 이어진다. 한 사람이 먼저 피운 '감사의 꽃'은 옆 사람의 마음에도 향기를 남긴다. 그렇게 번진 향기들이 모여 지금 이 순간에도 누군가의 하루를 따뜻하게 감싸고 있을 것이다.

감사의 눈으로 보면
행복은 어디에나 있다

행복은 강도보다 빈도가 중요하다고 한다. 어쩌다 한 번 큰 행복을 느끼는 것보다, 사소한 일상에서 자주 행복을 느끼는 것이 삶을 더 윤택하게 만든다. 빈도를 높이기 위해서는 의식적으로 행복하기를 '선택'하는 게 중요하다. 삶을 풍요롭게 가꾸기 위해서 행복을 '선택'하는 꾸준한 훈련이 필요하다.

예전에는 행복이 어딘가에서 주어지는 선물이라고 믿었다. 열심히 살다 보면 언젠가는 얻어질 보상 같은 것이라 생각했다. 그래서 자주 행복하지 못했다. 행복은 스스로 찾아내고 선택하는 것임을 알게 된 후, 내 삶은 달라졌다. 선택권이 나에게 있음을 깨닫고 난 후부터 불행 앞에서도 의식적으로 숨겨진 행복을 찾아보기 시작했다.

  시련을 곧이곧대로 받아들이고 절망하는 대신, 새로운 의미를 부여하여 행복의 단서를 찾아가기 시작하면 인생은 180도 달라진다. 그 사실을 내 삶을 통해 배웠다. 남들이 뭐라 하든 내가 행복하다면 그만 아닐까? 그것이 행복한 사람으로 살아가는 비결이다.

행복을 만드는 비밀 재료

▶ 행복을 가꾸는 첫 번째 비밀 재료 : 기록으로 남긴 감사

  감사는 마음에 빛을 밝혀주는 가장 순수한 에너지다. 감사를 통해 나를 더 사랑하게 되고, 자신에 대해 더욱 자세히 알 수 있다. 또한 행복의 씨앗을 더 쉽게 발견하게 해준다. 내 마음에 담는 감사의 크기가 내 삶에서 피어나는 행복의 크기를 결정한다.

  행복한 삶을 꿈꾸는 분들께 감사일기 작성을 권한다. 나를 위한 기록이므로 다른 사람의 눈치를 볼 필요도, 잘 쓰려 애쓸 필요도 없다. 그저 내가 느낀 대로 진솔하게 적어 가면 된다. 말로 전하는 감사도 좋지만, 글로 기록한 감사는 더 선명하고 오래 남는다. 말은 안개처럼 흩어지지만, 기록은 언제든 꺼내어 복용할 수 있는 '감사 비타민'이 된다.

▶ 행복을 만드는 두 번째 비밀 재료 : 상대를 위한 축복

내게는 친동생처럼 아끼던 E가 있었다. 경제적으로 어려웠던 시절에도 E를 물심양면으로 도울 만큼 소중히 여겼다. 그러나 E는 내게 씻을 수 없는 상처를 남기고 떠났다.

오랜 시간이 흐른 뒤, E는 잘못을 뉘우치며 사과했고 나는 어렵게 용서했다. 큰 상처를 준 사람을 용서하는 건 쉽지 않았지만, 자신의 잘못을 인정하고 용서를 구하는 것 또한 쉽지 않은 일임을 알았기 때문이다.

E는 용서를 구한 후, 곧바로 일과 관련된 도움을 요청했다. 바쁜 와중에도 나는 E를 위해 새로운 프로젝트를 기획했다. 그러나 프로젝트를 진행하던 중, 소통의 오류로 오해가 생겼다. E는 이 오해를 대화로 풀지 않고, 소통을 단절한 채 일방적으로 프로젝트 중단을 통보했다. 내 주변 사람들에게 험담을 하고 다닌 데다, 나와 함께 진행한 프로젝트를 다른 곳에서 진행하려 했다는 소식도 들렸다. E가 변했다고 믿었는데, 그것은 착각이었다.

'사람은 변할 수 있어.'라는 믿음은 '사람은 웬만해서는 변하지 않는구나.'라는 깊은 회의감으로 되돌아왔다. 세 번이나 나를 곤경에 빠뜨린 E를 다시 받아들였다는 자책은 한 달 넘게 내 마음을 짓누르며 괴롭혔다.

마음을 회복하고자 교회 사모님께 상담을 요청했다. 사모님은 조용히 내 이야기를 듣고 나서 이렇게 말씀하셨다.

"상처 준 그 사람도 밉고, 같은 잘못을 반복한 그런 사람을 용서한 자신도 원망스럽죠? 그 사람은 자매님의 마음을 몰라도 하나님은 알고 계세요. 그러니 그 사람을 축복해 주세요. 그래야 자매님 마음이 평안해집니다."

집으로 돌아오는 길, 화가 나서 속으로 혼잣말을 쏟아냈다.

'내 마음을 이렇게 지옥으로 만든 사람을 축복하라고요? 속에서 천불이 나는데 어떻게 축복해요?'

분노는 가슴속을 활활 태웠고, 그렇게 속이 시커멓게 타버리고 나서야 깨달았다. 그 뜨거운 불길 속에서 화상을 입는 사람은 결국 나 자신이었다는 것을.

그날 밤, 사모님의 조언대로 그녀를 위한 축복 기도문을 썼다. 눈물로 시커먼 마음을 닦아내듯 한 글자 한 글자 적어 내려갔다. 미워하는 사람을 축복하는 것은 쉽지 않았지만, 하나님께서 내 마음을 다독여 주셨다. 기도문을 쓰는 동안 지옥 같았던 내 마음은 조금씩 평안을 되찾았다.

미워하는 마음을 내려놓기 위해 상대에게 고마웠던 순간들도 함께 떠올렸다. 상대를 내 힘으로 바꿀 수 없기에, 내 마음을 다스리는 쪽을 선택한 것이다.

원망의 대상을 축복하거나 용서하는 일은 상대를 위한 배려처럼 보이지만, 사실은 내 마음의 평안을 지키는 가장 지혜로운 방법이다. 행복은 마음먹기에 달려 있다. 당신을 힘들게 했던 사람이 있다면 그를 축복해 보자. 상대를 위한 축복은 결국 나를 위한 것임을 믿으면서. 작지만 확실한 행복은 이렇게 매일의 선택에서 시작된다. 당신의 내일도 오늘보다 더 평안하고 행복하기를.

하루부터 시작해서 100일까지

"오늘은 내게 남은 인생의 첫날이다."

이 문장을 처음 읽은 순간, 마음이 쿵 내려앉았다. 우리는 종종 내일을 기약하며 오늘을 두의미하게 흘려보낸다. 인생이라는 여정은 한없이 길어 보이지만, 막상 자세히 들여다보면 사소한 하루하루의 연속으로 이루어져 있다. 덧진 인생을 꿈꾼다면, 오늘 하루를 소중히 보내는 것부터 시작해야 하지 않을까.

하루를 더 의미 있고 충만하게 만드는 가장 간단한 방법, 그게 바로 감사다. 인생은 하루하루의 모음이다. 반복되는 하루들 속에서 감사를 선택하며 살아가는 것, 그게 인생을 더 단단하고 따뜻하게 만드는 기적이 된다. 감사일기를 써본 적 없다면 먼저 '하루 감사'에 도전해 보자. 아주 작게 시작해도 괜찮다. 작은 씨앗 하나가 거대한 나무로 자라듯 감사도 그렇게 자라난다.

감사 챌린지 5단계 실천 가이드

1. 하루 감사

감사일기를 어렵게 생각하지 말고 오늘 하루만 쓴다는 마음으로 가볍게 시작해 보자. 딱 하루만 해보자. 하루의 끝에서 눈을 감기 전, 스스로에게 묻는다. '나는 오늘 무엇에 고마움을 느꼈지?' 이 사소한 질문이 하루의 끝을 까만 밤하늘을 수놓은 별처럼 반짝이게 만든다.

2. 작심삼일 감사

첫날에 성공했다면, 이제 단 이틀만 더해보자. '삼 일'이라는 짧은 시간에도 마음은 충분히 달라질 수 있다. 하루 세 줄이면 된다. 예를 들어, '건강하게 눈을 뜰 수 있어서 감사합니다.', '가족과 웃으며 아침 인사를 나눌 수 있어서 감사합니다.', '출근할 수 있는 직장이 있어서 감사합니다.'라고 적는 그 순간, 하루가 조금씩 달라지기 시작할 것이다.

3. 21일 감사

3일을 해냈다면, 이제 습관으로 이어갈 차례다. 21일에 도전하자. 21일은 어떤 행동이 '나의 일부'가 되기 시작하는 시점이다. 짧게라도 좋으니 매일 세 가지씩만 적어보자. 그러다 보면 어느 날은 다섯 가지, 일곱 가지가 저절로 떠오른다. 감사의 시야가 넓어지고, 감정이 더 섬세해진다. 문득문득, '나도 제법 잘하고 있구나.' 하는 자부심이 마음속에 자란다.

4. 66일 감사

감사하는 삶이 조금은 익숙해졌다면, 이제 66일을 향해 간다. 21일 동안 길러온 감사의 뿌리를 조금 더 깊이 내리는 시간이다. 이쯤 되면 감사하지 않고 하루를 끝내는 게 어색해진다. 감사가 일상이 되고, 평온이 되고, 나를 지탱하는 에너지가 된다.

5. 100일 감사

66일을 채웠다면, 100일 감사에 도전하자. 완전한 습관으로 자리 잡는다는 100일까지 34일 남았다. 100일. 단순한 숫자가 아니다. 100일이나 꾸준히 실천해 온 자신에 대한 자부심이 생겨난다. 감사는 더 이상 '노력'이 아니라, 나도 모르게 스며든 삶의 '습관'이 될 것이다.

감사는 평범한 하루를 기적으로 바꾼다. 감사를 습관처럼 기록하는 삶은 흐릿한 일상을 선명하게 비추고, 흔들리는 마음에 중심을 잡아준다. 감사하는 삶을 살고 싶다면, 오늘부터 시작하자.

독서는 자유로 가는 길이다.
- 프랜시스 베이컨

제 4장

평범한 삶을
특별한 삶으로 이끈 독서

책은 인생의 지도이다. 길을 잃었을 때, 앞이 보이지 않을 때, 언제나 나아갈 방향을 들려주었다. 책을 읽으며 나를 알아가고, 사람을 이해하며, 더 나은 세상을 꿈꿨다. 4장은 삶의 방향을 바꿔준 독서의 경험과, 조직 문화로 자리 잡은 독서의 힘에 관해 이야기한다.

책을 따라,
나를 찾아가는 여정

"나는 누구인가?"

"왜 여기 있는가?"

"어디로 가려 하는가?"

수많은 인문학 책들이 던지는 이 질문 앞에서 나는 늘 멈춰섰다. 입을 열어보려 해도 아무런 말이 떠오르지 않아 대답할 수 없었다. 그 순간 깨달았다. 내가 나를 아직 충분히 알지 못하고 있다는 사실을.

답을 찾기 위해 계속해서 책을 읽었다. 타인의 문장을 따라 걷다가 멈추고, 나를 돌아보았다. 어느 순간부터 내 안의 목소리가 들리면서 그 질문에 대답할 수 있게 되었다.

나는 누구인가? 하나님이 주신 달란트인 웃음, 긍정, 감사를 주변 사람들과 나누며 살아가는 사람이다. 배움의 길에서 방향을 찾고, 사람들과의 관계 속에서 삶의 의미를 발견하며 멈추지 않고 성장을 추구하는 사람이다. 아이들이 좋아 유아교육을 선택한 나는 아이들과 함께 있을 때 가장 행복한 사람이고, 하나님이 나에게 주신 사명을 잘 감당하는 사람이다.

나는 왜 여기 있는가?

내가 스스로 선택한 길이다. 아이들이 좋아 교사의 길을 선택했고 10년 단위로 새로운 명함을 만들겠다는 목표를 세웠다. 다짐대로 원장이 되었고, 강사로서 무대에 섰으며, 지금은 유아행복연구소 소장이 되었다. 멈추지 않고 일을 만드는 나를 걱정하며 가끔 남편이 말한다.

"자기야, 이제 좀 쉬면서 살아. 연구소도 안정됐고, 경제적 여유도 있는데 왜 그렇게 자꾸 일을 만들어? 자기가 아직도 30대인 줄 알아? 이제는 건강도 생각해야지."

나를 걱정해 주는 남편의 말에 나는 조용한 미소로 답한다. 내가 좋아하는 일을 할 수 있다는 사실만으로도 행복하기에 새로운 길을 개척하고 그 위를 기꺼이 달린다. 이 길을 선택한 이유는 단 하나, 내가 원하던 삶이기 때문이다.

내 인생 1막은 교사와 원장으로, 2막은 강사와 소장, 그리고 작가로 살아왔다. 이제 새로운 인생 3막을 준비하고 있다. 3년 안에 라라(Life & Writing) 코치가 되어, 유아교육인들의 2막 인생을 설계해 주는 일을 하고 싶다. 20~30년간 아이들을 돌보며 살아온 원장님들이 이제는 자신을 돌보는 삶을 살면서 2막 인생도 멋지게 살아갈 수 있도록 도울 예정이다.

책이 나를 이끌었다

작가들의 글은 거울이 되어 나를 비추었다. 책을 통해 나를 마주했고, 과거의 자신을 이해하며 받아들일 수 있었다. 나를 토닥이는 문장들 앞에서 울컥하기도 했다. 책은 단지 지식을 쌓는 도구가 아니었다. 삶의 본질을 묻고 방향을 알려주는 나침반이었다. 책을 읽지 않았더라면 오늘의 나 역시 존재하지 못했을 것이다. 수많은 책이 내 삶을 바꿨듯, 이 책이 당신의 새로운 나침반이 되기를 소망한다.

책 읽는 사람만이
황금알을 낳는다

모임이 있을 때마다 유머를 하나씩 준비해 오는 지인이 있다. 오래전, 그 지인에게서 들었던 이야기다.

"집에서 살림만 하는 오리는 '집오리'. 한 달에 2~300만 원을 버는 오리는 '청둥오리'. 500만 원 이상을 버는 오리는 '황금오리'. 그럼, 애인에게 받은 용돈으로 생활비를 충당하는 오리는?"

모두가 고개를 갸웃거리며 답을 찾지 못하자, 그는 웃으며 말했다.

"그건, 어찌하오리!"

며칠 뒤, 화장실에서 미끄러져 넘어졌다. 그러자 남편이 달려와 나를 일으켜 세우며 이렇게 말했다.

"아이쿠! 안 다쳤어? 우리 황금오리님, 다치면 큰일 납니다. 조심, 또 조심하세요."

그 순간 피식 웃음이 났다. 나는 황금오리다. 수입에 관한 이야기가 아니다. 스스로를 가치 있는 존재로 믿고 있고, 주위 사람들 역시 내 가치를 진심으로 인정해 주기 때문이다. 내가 황금오리가 될 수 있었던 이유는 하나다. 책을 읽었기 때문이다.

당신만의 운명의 책을 찾아라

당신에게도 운명을 바꿔준 책이 있는가? 우연히 만난 책 한 권이 나의 삶을 완전히 바꾸었다. 당신도 단 한 권의 책을 통해, 앞으로 나아가야 할 길과 장래의 꿈, 인생의 목표를 다시 세울 수 있다.

인간은 누구나 자신의 지식과 경험을 바탕으로 세상을 해석한다. 개인이 얻을 수 있는 지식과 경험에는 한계가 있다. 책을 읽지 않는 사람은 마치 우물 안 개구리와 같다. 우물 밖 세상을 본 적이 없기에 거기서 나갈 생각조차 하지 못한다.

책은 세상으로 도약할 힘을 준다. 책에는 수많은 사람의 성공과 실패, 삶에 대한 통찰이 한 줄 한 줄에 녹아 있다. 책을 읽는다는 것은 수천, 수만 명의 인생을 간접 경험하는 일이다. 혼자서는 평생을 바쳐도 얻기 어려운 지혜를 단 며칠 만에 흡수할 수 있는 가장 쉽고 값진 방법이기도 하다.

책 속에서 우리는 아직 찾지 못한 진로나 삶의 의미를 되살려주는 보람, 심장을 두근거리게 만드는 목표를 만나게 된다. 운명은 거창한 기적이 아니라 책장을 넘기는 사소한 선택에서 시작된다. 당신도 '운명의 책'을 만난다면, 지금까지와는 전혀 다른 인생을 살아갈 수 있다.

책을 읽은 덕분에

- 변화의 흐름을 읽고, 시대에 맞춰 성장할 수 있었다.
- 18년 전, 누구도 확신하지 못하던 1인 기업에 도전할 수 있었다.
- 교사 연수와 부모교육 자료 등 교육 콘텐츠를 직접 만들 수 있었다.
- 고객의 니즈를 이해하고, 그에 맞는 솔루션을 제공해 신뢰를 얻을 수 있었다.
- 고객에게 더 풍부한 자료를 제공할 수 있었다.
- 나만의 발표력 프로그램으로 프랜차이즈 사업을 확장할 수 있었다.
- 팀원의 성장을 도우며 팀의 역량을 키울 수 있었다.
- 공저를 포함해 10권의 책을 세상에 내놓을 수 있었다.
- 책을 읽은 덕분에 지난 10년간, 20배의 경제 성장을 이룰 수 있었다.

나는 취미로 독서를 시작하지 않았다. 생존을 위한 선택이자 전략이었고, 인생의 무기였다. 이제는 단순한 황금오리가 아닌, 황금알을 낳는 오리로 살고 싶다. 그러기 위해 오늘도 책을 읽는다. 어제보다 나은 내일을 위해, 다음 세대에게 더 나은 유산을 남기기 위해.

당신의 날개는 지금 어디를 향하고 있는가? 지금의 삶과 수입에 만족하는가? 혹시 당신이 '청둥오리'라면 지금 당장 책을 펼쳐보자. 책 한 권은 2만 원 남짓이지만 그 안엔 수십 년의 지혜와 수천만 원의 가치가 담겨 있다.

책 한 권이 인생을 바꾼다. 독서는 가장 안전하면서도 확실한 자기 투자다. 그리고 지금 시작할 수 있는 가장 쉬운 변화다. 황금알은 준비된 오리에게 찾아온다. 책과 함께라면 당신도 충분히 가능하다.

책장을 넘기며
함께 성장하다

"개인의 성장이 곧 연구소의 성장이다."

내가 연구원들에게 자주 강조하는 말이다. 단순히 일하고 월급을 받는 직장이 아니라 연구원들이 자신만의 꿈을 꾸고 그 꿈을 향해 한 걸음씩 나아가는 터전이 되기를 바랐다. 그 바람의 시작점에 나는 독서를 선택했다. 앞에서도 여러 번 언급했듯이 책은 내 삶을 바꿨다. 힘겨웠던 순간에 나를 붙잡아 주었고, 다시 걸어갈 용기를 주었다. 우리 연구원들도 책을 통해 자신을 만나고, 내면과 대화하며 삶을 원하는 방향으로 이끌어가도록 변화하길 바랐다. 그 변화가 연구소의 성장으로 이어지기를 바라는 마음으로 사내 독서모임을 시작했다.

사내 독서 모임의 시작

책을 읽으며 느낀 점을 나누고 끝나는 가벼운 독서모임이 아니라, 삶을 변화시키는 특별한 독서모임을 만들고 싶었다. 2019년 9월, 의미 있는 시작을 위해 외부 독서 전문가를 연구소로 초대했다. 나에게 도움을 준 책 네 권을 고르고, 4주간의 프로그램을 함께 꾸렸다.

첫 번째 책은 《본깨적》이었다. 수많은 독서법 책 중에서도 가장 현실적이고, 삶을 변화시킬 힘을 가진 책이었다. 본 것, 깨달은 것, 적용할 것. 이 단순한 구조가 우리의 독서 방식에 작은 기적을 만들었다. 연구원들은 어떤 책을 읽든 자신만의 '본깨적'을 정리하며 실천하는 습관이 생겼다.

두 번째 책은 《목표, 그 성취의 기술》이었다. "성공한 사람 중 단 3%만이 목표를 적는다." 이 책에 나오는 문장을 읽고, 수년째 목표를 글로 써 가며 살아왔다. 연구원들도 각자의 목표를 적고, 작은 떨림을 안은 채 발표했다. 서로의 꿈에 귀 기울이며 '목표를 적는다는 것'이 인생을 바꾸는 데 얼마나 강력한 힘을 가진 행위인지 느낄 수 있었다.

세 번째 책은 《성과를 지배하는 바인더의 힘》으로 시간과 기록을 어떻게 정리하는지 배웠고, 네 번째 책 《포노 사피엔스》로는 시대의 변화와 흐름을 읽었다. 이후로도 우리는 30권 이상의 책을 함께 읽으며 모임을 이어갔다.

함께 읽는 조직이 되기까지

우리 연구원들이라고 처음부터 책을 좋아했던 것은 아니다. 연구소에 근무하기 전에는 일 년에 한 권도 읽지 않았던 연구원들이 대부분이었기에 처음에는 독서모임을 부담스러워했다. 그러나 지금은 다들 독서모임이 기다려진다고 말한다. 가끔 보면, 나보다도 책을 더 좋아하게 된 것 같다.

연구소 일정이 비교적 여유로운 날엔 출근 후 아침 30분을 독서로 시작한다. 20분은 책을 읽고, 10분은 마음에 남은 문장과 '본깨적'을 연구소 독서밴드에 기록으로 남긴다. 그 기록들은 매일 우리의 생각을 조금씩 더 단단하게 해준다. 특히 적용할 점은 개인적으로 적용할 점과 업에 적용할 점을 함께 생각하도록 했다. 그 결과, 개인적인 성장과 더불어 업무에서도 엄청난 발전을 이루었다. 더 많은 아이디어를 생각해내고 더 나은 방향을 고려하며 다양한 콘텐츠를 개발할 수 있었다.

독서가 우리에게 준 선물

하나, 생각의 틀이 넓어졌다. 책은 사고력을 키우고 창의력을 깨웠다. 문제를 바라보는 시선이 달라졌고 스스로 해답을 찾아가는 힘이 자라났다.

둘, 따뜻한 문화가 자리 잡았다. 같은 책을 읽고 서로의 생각을 나누다 보니 공감과 경청이 자연스러운 문화가 되었다. 서로를 바라보는 눈빛도 더 부드러워졌다.

셋, 자존감을 회복하고 성장하는 시간이 되었다. 책을 읽으며 자신의 삶을 돌아보게 되었고, 조금씩 성장하는 자신을 발견하는 기쁨을 누릴 수 있었다.

독서모임 중, 신입 연구원이 조심스럽게 달을 꺼냈다.

"이전 직장에서는 아이들과 학부모님의 마음만 쫓아가느라 정작 제 몸과 마음은 돌보지 못했어요. 결국 번아웃이 와서 퇴사했고 그 뒤로 몇 달간 아무것도 하지 못한 채 집 안에만 머물렀어요."

잠시 말을 멈추더니, 그녀는 유아행복연구소에 입사한 후 가장 좋은 점을 이야기했다.

"여긴 자꾸 저에게 물어요. '넌 뭘 좋아하니?', '언제 가장 행복했니?', '앞으로 어떤 삶을 살고 싶니?' 이전에는 저에 대해 생각할 여유조차 없었는데 이제는 독서모임에서 마주하는 질문에 답하며 서서히 저 자신을 찾아가고 있어요. 그게 참 감사해요."

그렁그렁한 눈빛으로 말하던 그녀의 마음이 우리에게 고스란히 전해졌다.

우리는 같은 책을 읽고 각자의 생각을 나누며 서로의 삶을 응원하는 따뜻한 조직이 되었다. 사내 독서모임에서 시작된 작은 움직임은 이제 연구원들이 주체가 되어 원장님들을 위한 독서모임과 무료 강독회로 이어지고 있다. 그 속에서 우리는 작지만 확실한 변화를 만들어가고 있다. 책은 사람을 살리고 조직을 살리는 힘이 있다는 것을 알기에, 앞으로도 함께 책을 읽고 성장하며 독서문화를 더 널리 전파해 나갈 것이다.

책이 사람을 바꾸고,
사람은 조직을 바꾼다

 사내 독서모임이 '함께 성장하는 문화'로 확장하면서, 팀원들의 마음속에 책이 건넨 위로, 용기, 깨달음이 담기기 시작했다. 책장을 넘기며 함께 성장해 온 시간, 그 변화는 어느새 팀원 한 사람 한 사람의 삶 깊숙이 스며들어 있었다. 사내 독서모임을 통해 진짜 변화의 주인공이 된 우리 팀원들의 이야기를 소개한다. 진심이 담긴 우리 팀원들의 기록이 독서모임을 망설이는 이들에게 도움이 되길 바란다.

책이 내 삶을 바꾼다고? - 박재정 연구원

요즘 사람들은 정말 책을 안 읽는다고 한다. 나 또한 성인이 되어 읽은 책이 다섯 손가락에 꼽을 정도였다. 그런 내가 연구소에 와서 책을 만나며 그 전과는 아예 다른 삶을 살게 되었다. 아마 가장 많이 변화한 연구원은 내가 아닐까. 연구소의 독서는 특별하다. 그냥 읽고 느끼고 끝나는 것이 아니라 삶에 적용하여 변화를 만드는 독서를 하기 때문이다. 거기에 독서 모임으로 나눔까지 하니 삶이 변화하지 않을 수 없다. 독서가 바꾼 내 삶의 변화를 세 가지로 정리해 보았다.

첫 번째, 독서는 나를 현명한 사람으로 만들었다.

가족, 친구, 직장 동료와의 관계에서 어려움이 있을 때 조금 더 현명하게 행동하고 말하는 방법을 알게 되었다. 특히 아기를 낳은 뒤, 남편과의 관계에서 빛을 발했다. 가장 가까운 사이면서도 가장 많이 부딪치는 사이기에 수많은 대화와 조율이 필요했기 때문이다. 예전 같았으면 감정적으로 대했을 일도 책에서 읽었던 문장을 떠올리며 마음을 가다듬고 대화를 통해 현명하게 문제를 해결 할 수 있었다.

두 번째, 독서는 나를 일을 잘하는 사람으로 만들었다.

유치원에서 근무할 때는 일이 너무나 많아서 급한 일을 쳐내는 것만으로도 힘겨웠기 때문에 일을 잘하는 방법에 대해 고민할 시간조차 없이 아등바등 살았다. 연구소에 와서는 소장님께 잘 배우고 독서를 하며 일을 잘하는 방법에 대해 알게 되었고, 효율적이고 능동적으로 일하게 되었다. '시키는 것만 하는 것이 아니라 일을 찾아서 하는 것' 그것이 가장 큰 변화가 아닐까 생각한다.

세 번째, 독서는 나를 더 넓은 세상으로 데려가 주었다.

나는 새로운 경험을 하는 것을 좋아한다. 책은 나에게 더 많은 것을 알려주며 더 넓은 세상을 보여주었다. 독서 이후 새로운 아이디어를 더 많이 낼 수 있었고, 우리의 고객인 원장님, 선생님들께 도움이 될 방법을 생각해 내어 콘텐츠로 만드는 일도 더 잘해냈다.

소장님이 독서로 삶이 변했다고 했을 땐 믿지 않았다. 그건 그냥 소장님이라, 특별한 분이라 그런 줄 알았다. 나에겐 해당 사항이 없다고 생각했다. 소장님을 만나 책을 읽게 된 지 6년째, 나는 그 누구보다 많이 변했고, 나아졌으며, 성장했다. 이렇게 책으로 삶이 변한 내가 앞으로 얼마나 더 큰 성장을 할지 기대된다. 나는 책 읽는 내 모습이 참 마음에 든다.

물음표를 느낌표로 바꿔준 시간 - 권유진 연구원

인생의 주인공은 '나'라고 하지만, 나는 대체로 주인공을 위한 조연으로 살아왔다. 내 인생의 주인공들은 매해 바뀌었다. 꽃내음 반, 풀잎 반, 햇살 반…. 눈코 뜰 새 없이 바쁜 하루의 연속이었다. 그렇지만 귀여운 주인공들을 위해서라면 밥 먹을 새 없이 뛰어다니는 것도, 이만 오천 장의 사진을 하나하나 분류하는 것도 좋았다. 분명 힘든 순간들도 있었지만, 아이들과 함께할 수 있었기에 마냥 좋았다.

그렇게 좋아하던 일을 결국 관두게 되었을 때는 혼란스러웠다. 유치원 교사의 삶에 마침표를 찍었지만, 내 인생은 여전히 이어지고 있었으므로. 새로이 적기 시작한 페이지에는 물음표가 가득했다. 스스로 쉼표를 찍을 줄도 모르는 바보인 채로 살아왔다. 유아행복연구소에서 독서모임을 시작하기 전까지는 말이다.

독서모임은 그야말로 생소했다. 읽은 책도 손에 꼽을 정도였는데 사람들과 책 속 이야기를 나누는 모임이라니 긴장을 하지 않으려야 안 할 수가 없었다. 조금이라도 실수하지 않기 위해, 짧은 분량이라도 집중하며 읽었다.

책 속 질문들은 이러했다. "나는 무엇으로 쓸모가 있는가?" 나름대로 막힘없이 작성했지만 이미 독서모임을 여러 차례 진행한 선임 선생님들의 답변과는 달랐다. 물론 답변이 다른 게 당연하지만 명확한 차이점이 있었다. 바로 '구체적인 목표'가 있다는 것. 나는 구체적인 답변 대신 두리뭉실한 이야기를 늘어놓고 있었다. 사실 그렇게 적은 이유는 하나였다. 나를 잘 몰랐기 때문이다. 어떤 일을 하고, 어떤 사람이 되고 싶고, 어떤 것을 이루고 싶은지 몰랐다.

소장님이 쥐여 주신 책을 통해 내 안에 있는 수많은 물음표에 답할 수 있었다. 이제 내 인생의 페이지에는 물음표 대신 느낌표가 채워지고 있다.

유아행복연구소와 함께하며 나는 스스로에 대해 더 깊게 알게 되었고, 독서모임을 통해 찾아낸 답은 내 인생의 새로운 이정표가 되었다. 나는 더 이상 삶의 흐름에 몸을 '그냥' 맡기지 않는다. 목표를 쟁취하기 위해 삶을 개척해 나가고 있다.

목적지가 없는 여행자는 금세 지치기 마련이고 방향이 없는 삶은 흔들릴 수밖에 없다. 책을 통해 이유를 찾았고 내가 해야 할 일과 목표가 생겼기에 앞으로 나아갈 힘을 얻었다. 독서모임을 함께 하는 선임 선생님을 통해 인생의 꿀팁들 얻으면서 말이다.

작은 루틴이 만든 큰 변화 - 이미정 연구원

출근 후 30분의 독서는 평소 책과 멀게 지내던 나에게 책과 가까워지는 시간, 스스로 성장하는 시간이 되었다. 무엇보다도 가장 큰 변화는 '실천'이다. 늘 미루기만 하던 '미루기 대장'인 내가 실천하는 힘을 조금씩 기를 수 있었던 건, 바로 독서 습관 덕분이다.

매일 아침 독서 30분이라는 작지만 꾸준한 루틴은 큰 변화의 시작점이 되었다. 삶의 태도가 바뀌었고, 일에 대한 마음가짐도 달라졌다. 책을 읽으며 자연스럽게 나를 돌아보게 되었고, 나도 몰랐던 내 마음을 들여다보는 시간이 되었다. 힘들거나 지친 순간에도 긍정적인 마음과 생각으로 이겨낼 수 있는 내면의 힘이 생겼다는 걸 느낀다. 나의 마음이 더 단단해졌다.

다양한 책을 읽으면서 생각의 폭이 넓어지며 말 그릇도 깊어졌다. 누군가의 이야기를 귀담아듣고, 조급하게 반응하기보다는 한 번 더 생각하고 따뜻하게 말하려고 한다. 이전보다는 더 많은 이해와 공감을 할 수 있게 되었고, 겉으로 보이는 모습 너머의 마음을 들여다보려는 마음이 생겼다.

업무를 하다 보면 내가 하고자 하는 말을 명확하게 전달하는 것이 얼마나 중요한지를 느낀다. 이전에는 내 생각을 말이

나 글로 표현하기가 어려웠다. 지금은 꾸준한 독서 덕에 말과 글을 정리하는 능력이 생겼다. 덕분에 회의나 기획, 보고서를 작성할 때는 물론이고, 동료들과 소통할 때도 큰 도움이 되었다.

같은 책, 같은 문장을 읽고도 나와 다르게 생각하는 팀원들과 함께였기에 혼자 읽었다면 지나쳤을 문장이 다른 의미로 다가오는 순간들이 많았다. 독서모임을 통해 삶을 살아가는 데 필요한 지혜를 얻었고, 생각을 확장하는 계기가 되었다. 결과적으로 개인적, 업무적으로 크게 성장했다. 같은 문장, 다른 생각들. 같은 책을 읽으며, 내가 알던 것과 다른 세상을 바라보는 법을 배운 것 같아 더 소중한 시간들이었다.

목표를 위해 꾸준히 정진하는 법, 세상을 다양한 시각으로 바라보는 법, 긍정적인 마음가짐으로 살아가는 법. 독서모임을 통해 배운 이 세 가지 삶의 태도를 앞으로도 잊지 않고 살아가고 싶다. 그리고 '독서모임'을 소중한 사람들과 함께 할 수 있었던 건 정말 큰 행운이다. 모두 소장님 덕분이다.

책, 내 삶에 키를 쥐여 주다 – 성동임 연구원

'사는 게 힘들다'를 '사는 게 재미있다'로 바꿔준 건 유아행복연구소의 독서모임이다. 사회생활을 하면 누구나 힘들다고 하지만 유치원 교사로 일했던 지난 몇 년은 정말이지 하루가 어떻게 흘러가는지 모를 정도로 바쁘게 보냈다.

사는 게 힘들기만 했던 시기, 2세 준비로 일을 쉬다가 유아행복연구소와 연이 닿아 연구원으로 일을 시작했고, 7년이 흘렀다. 연구원이 되어서도 늘 바빴지만, 그 바쁨 속에서 '즐거움'을 느낄 수 있었던 건 독서모임 덕분이었다. 고선해 소장님 덕분에 미뤄뒀던 독서를 하기 시작했고, 독서모임을 통해 '책 읽는 방법'을 알게 되었다. 그리고 많은 변화가 생겼다.

첫째, 책을 대하는 자세가 바뀌었다.

책은 깨끗이 봐야 한다고 생각했다. 책을 읽을 때면 혹여나 구겨질까 봐 책장을 조심히 넘겼고 메모 한 줄도 남기지 않았다. 새 책처럼 깨끗이 보고 책꽂이에 반듯하게 꽂아야 책에 대한 예의를 지키는 거라 생각했다. 그런데 연구소에서 본깨적 독서를 하면서 책은 깨끗이 보는 게 아니라 나만의 '새로운 책'으로 탈바꿈시키는 것이라는 걸 알게 되었다. 다시 보고 싶은 내용은 귀접기를 하고, 읽으며 떠오른 생각은 그 장에 메모한다. 깨끗하고 반듯하던 책은 손때와 생각들이 묻어 더욱 묵직해지면서 나만의 책이 되었다. 그렇게 쌓인 책들은 값진 보석만큼이나 소중했고, 볼 때마다 뿌듯했다.

둘째, 생각의 폭이 넓어졌다.

아는 만큼 말하고 생각할 수 있다고 한다. 책은 나에게 많은 것을 보여주고 알려주었다. 단순히 책을 읽기만 했다면 이런 변화를 이루기엔 역부족이었을 것이다. 독서모임 덕에 책에 완전히 몰입하여 읽게 되었고, 함께 나눌 내용에 대해 몇 번이고 곱씹어 생각을 정리할 수 있었다. 다른 연구원들과 다양한 관점에서 이야기를 나누며 자연스레 생각의 폭도 넓어졌다. 참 감사한 일이다.

마지막으로, 삶을 대하는 태도가 달라졌다.

바람 따라 정처 없이 흘러가는 돛단배 같은 인생에서 키를 잡고 내가 가고자 하는 방향으로 갈 수 있는 동력을 얻게 된 것이다. 이렇게 할 수 있었던 것은 제대로 읽는 법을 배웠기 때문이다. 소장님을 통해 좋은 책을 만날 수 있었고, 그 책에서 내 삶에 적용할 것들을 찾아 정리하는 힘을 기를 수 있었다.

업무를 시작하기 전 주어지는 30분의 귀한 독서시간, 한 권의 책으로 생각을 나누는 독서모임 시간, 도움 되는 책을 정리하여 발표하는 강독회 등 유아행복연구소의 특별한 독서를 통해 성장과 배움을 얻을 수 있도록 해주신 고선해 소장님께 평생 감사하는 마음을 잊지 않을 것이다.

하루를 바꾸는 30분 독서의 힘 - 홍석부 연구원

소장님께서 마련해주신 30분의 아침 독서시간은 나에게 참 신기한 경험이었다. 대학생 때, 어떤 회사는 팀원들의 성장을 위해 출근하자마자 독서시간을 갖는다는 이야기를 들은 적이 있다. 그때는 '정말 그런 회사가 있을까?' 싶었는데, 이렇게 직접 경험하게 될 줄은 몰랐다.

평소 책 읽는 걸 좋아하는 편이지만, 요즘은 책보다 자극적인 콘텐츠들이 워낙 많아 일부러 시간을 내어 책을 읽는 일이 쉽지 않았다. 그래서인지 이 30분은 나에게 주어진 '선물 같은 시간'이다. 무엇보다도, 팀원들과 함께 읽고 생각을 나누는 시간이 정말 좋다. 같은 문장을 읽고도 서로 전혀 다른 생각을 했다는 걸 알게 될 때마다 신기하고, 그만큼 사람에 대한 이해의 폭도 넓어지는 것 같다.

서로의 경험을 나누고, 생각을 공유하다 보면 팀워크도 자연스럽게 깊어진다. 서로를 조금 더 이해하게 되고, 말 한마디를 전할 때도 더 따뜻한 마음이 담기게 된다. 아침 독서 30분을 통해 읽고, 쓰고, 정리하는 습관이 자연스럽게 길러졌고, 덕분에 부족했던 표현력도 조금은 더 단단해진 것 같다. 근무 시간 중에, 그것도 하루의 시작을 독서로 열 수 있는 회사에 다니고 있다는 게 정말 감사하고 행복하다. 작은 변화들이 쌓여 오늘도 나를 성장시키고 있다는 걸 느낀다.

내가 겪었던 기적이 연구원들에게도 일어나는 순간을 지켜보는 것은 뜻깊고도 감격스러운 일이다. 독서를 통해 마음을 회복하고, 꿈을 찾아가며, 삶을 스스로 이끌어가는 우리 연구원들의 변화는 그 무엇보다 소중한 성과다. 앞으로도 우리는 책을 통해 서로를 이해하고 응원하며 함께 성장하는 문화를 이어갈 것이다.

100억보다 가치 있는
독서 습관의 상속

> "독서 습관을 우리 아이들에게 물려주세요.
> 그것은 백억 원의 상속보다 훨씬 더 소중한 유산입니다.
> 하버드 대학의 수석 졸업장보다 책 읽는 습관이 더 중요합니다."
>
> - 빌 게이츠

"자녀에게 꼭 남기고 싶은 것이 무엇인가요?"
누군가 내게 이렇게 묻는다면, 망설임 없이 대답할 수 있다.
"독서 습관입니다."

나와 남편은 부모님에게 금전적인 우산을 물려받지 않았다. 그러나 지금 우리는 경제적으로 자유로운 삶을 살고 있다. 그 중심에는 늘 책이 있었다. 책은 삶의 방향을 제시했다. 독서를 통한 간접경험은 기회를 읽는 눈과 도전할 용기를 주었다. 그래서 아이들 앞에서 책 읽는 모습을 일상처럼 보여주려 애썼다. 많은 독서법 책이 말하듯, 가장 좋은 독서 교육은 부모가 책 읽는 모습을 보여주는 것이다. 난 꾸준히 우리 아이들 앞에서 독서를 실천해 왔다.

아들과 나눈 투자 이야기

경제적으로 가장 어려웠던 시절, 나는 출판사에 투자 기획서를 보내 실제로 투자를 받았다. 그 이야기를 아들에게 들려주던 날, 중학교 2학년이던 아들이 물었다.

"투자랑 돈을 빌리는 건 뭐가 달라요?"

"빌리는 돈은 꼭 갚아야 하지만, 투자는 가능성과 미래를 보고 맡기는 돈이야. 성공하면 더 큰 수익을 주지만, 실패하면 못 돌려받을 수도 있어."

잠시 생각하던 아들이 말했다.

"제가 출판사 대표라면 투자 안 했을 것 같아요. 위험이 너무 크잖아요.'

나는 웃으며 말했다.

"엄마는 2~3년 안에 두세 배로 갚을 자신이 있었어. 출판사 대표님도 엄마의 가능성을 믿고 1,500만 원을 투자해 주신 거고."

아들은 놀라며 물었다.

"와… 엄마는 그런 자신감이 어디서 나와요?"

나는 대답했다.

"책을 읽으면 내가 할 수 있는 일이 무엇인지, 내가 어떤 가능성을 품고 있는지 더 또렷하게 알 수 있어. 엄마가 쓴 기획서 내용도 좋았겠지만, 그보다는 기획서에 녹아든 엄마의 자신감과 준비된 태도를 더 높게 평가하신 걸 거야. 출판사 대표님은 그 가능성과 믿음을 보고 투자하신 거지."

그리고 마지막으로 덧붙였다.

"경제적으로 어려울수록 책을 가까이해야 해. 책은 무너지는 삶에 지탱할 힘을 주고, 문제의 본질을 꿰뚫는 눈을 선물해 주거든. 돈보다 더 큰 가치는 결국 지식과 지혜야."

본깨적 독서 기록, 자산으로 남기다

나는 지금까지 약 150권의 책을 '본 것, 깨달은 것, 적용할 것' 형식으로 정리해 두었다. 이 기록들은 네이버 밴드와 출력본으로 각각 보관하고 있다. 앞으로 최소 300권 이상의 독서 기록을 남겨 내가 세상을 떠나기 전 자녀들에게 물려주고 싶다. 그들이 삶의 길에서 막막함을 느낄 때 이 기록이 작은 등불이 되길 바라는 마음에서다. 금전적 우산은 한순간에 사라질 수 있지만, 독서 습관은 평생을 지탱하는 든든한 자산이 된다. 그 사실을 딸의 성장 과정을 통해 직접 확인할 수 있었다.

초등 고학년 시절, 딸은 학원에 거의 다니지 않았다. 대신 도서관에서 책을 읽도록 했다. 방학 기간에는 함께 도서관에 매일매일 출석 도장을 찍었고, 한 달 동안 거의 백 권에 달하는 책을 읽었다. 학부모 상담 날, 6학년 담임 선생님이 이렇게 말씀하셨다.

"수민이는 중학교에 가면 더 잘할 거예요. 책을 많이 읽은 아이들은 나중에 꼭 빛을 보거든요."

중학생이 된 후에는 도서실에서 자기주도학습 하기를 택했고, 학원에 다니지 않고도 전교 1~2등을 놓치지 않았다. 딸은 글이 가진 힘을 믿었다. 책을 통해 진로를 찾았고, 글로 자신의 마음을 다스리는 법을 일찍이 깨달았다. 또한, 오랜 독서 경험이 글쓰기 재주로 이어졌음을 알았다.

딸은 수행평가가 많은 고등학교에 다녔다. 독후감과 보고서 작성, 조별 발표 대본 작성뿐만 아니라 발표 대회까지 준비했기에 정말 바빴다. 본인 대본을 다 쓰고 난 후에는 조원들 것까지 첨삭해 주었다. 수행평가가 끝나면 시험공부가, 시험공부 사이사이에는 독서토론부 활동을 위한 발제문 작성이 이어졌다. 딸은 입시를 힘겨워하면서도 '글을 쓰는 것이 어렵다' 말한 적은 단 한 번도 없었고 언제나 좋은 성적을 거두어왔다.

대학에 진학한 후에도 마찬가지였다. 딸은 글쓰기를 요구하는 교양을 곧잘 듣곤 했다. 이과생들이 기피하는 온갖 교양에서 문과생들을 제치고 좋은 성적을 거뒀다. 본인이 일찍이 원해서 선택한 전공이니만큼 원하는 만큼 실컷 공부하며 즐겼고, 지난 2월 차석으로 졸업했다.

졸업한 이후에는 친구들과 매주 주말 독서, 기사, 경제 스터디를 돌아가며 진행 중이라고 한다. 글쓰기에 취미가 있던 딸은 고등학생 시절에 한 권, 대학생 시절 두 권의 책을 소장본으로 만들었고, 지금은 이 책의 퇴고를 돕고 있다. 영어 논문까지 찾아가며 오류를 지적할 때면 머리에서 지진이 났다. 그러나 합당한 지적이었기에 내가 쓴 글을 통째로 날리고 다시 쓰기도 했다. 덕분에 이 책은 객관성을 한층 더 단단하게 확보할 수 있었다.

나는 확신한다. 물질적 유산보다 '독서 습관'이라는 정신적 유산이 훨씬 오래가고, 훨씬 더 값지다는 것을. 책에서 얻은 지혜는 단순한 정보를 넘어 삶의 방향을 밝혀주고, 위기를 헤쳐

나가는 힘이 되기 때문이다. 우리가 금수저든 흙수저든 독서 습관만큼은 누구나 자녀에게 물려줄 수 있다. 혹시 독서가 낯설고 어렵게 느껴진다면 스스로에게 이렇게 물어보자.

'백억 원의 재산을 남기는 것이 더 쉬울까? 아니면 평생을 지탱할 독서 습관을 물려주는 것이 더 쉬울까?'

사랑하는 아들만을 위한 100일 낭독

　2023년, 아들이 처음으로 가족의 곁을 떠나 서울에서 혼자 지내게 되었다. 서른 살이 된 아들은 체육 교사로 일하며 매달 250만 원의 수입에 만족하고 있었다. 돈에 크게 욕심내지도, 뚜렷한 목표를 세우지도 않은 채 하루하루에 만족하며 살았다. 평범하고 성실한 청년이었지만, 엄마인 나는 자꾸만 마음이 쓰였다. 스물아홉까지는 '여러 직업을 접해보도록 기회를 주고, 스스로 결정할 수 있도록 기다려 주자.'라고 결심하고 아들의 모든 선택을 응원해 주었다.

　아들이 서른을 넘긴 어느 날, 문득 이런 생각이 스쳤다.

'이제 서른이 되었는데 삶의 방향을 한 번쯤 고민해 볼 때가 아닐까?'

'조만간 결혼도 하고 아이도 낳아야 할 텐데… 지금처럼 살아도 괜찮은 걸까?'

그 순간, 내가 서른 살이었을 때가 떠올랐다. 당시 나는 다섯 살 아이를 키우며, 일과 육아를 병행하고 있었다. 경제적으로도 어렵고 양육에 시행착오도 많이 겪던 시절이었지만, 책을 읽으며 세상을 바라보는 눈을 키워나갔다. 흔들리는 삶 속에서 길을 내준 것도, 결국 책이었다. 서른 살이 된 아들에게 책과의 만남을 주선해 주고 싶었다.

낭독의 시작

'아들과 떨어져 사는 지금, 엄마로서 할 수 있는 가장 따뜻한 방식으로 아들에게 말을 걸어보자.' 그렇게 시작한 것이 바로 '낭독'이었다.

그동안 읽고 감동했던 책들 가운데, 아들에게도 도움이 될 만한 책을 골라 매일 낭독을 시작했다. 매일 아침, 한 권의 책에서 중요한 꼭지를 골라 약 15분 분량으로 녹음했다. 순서는 늘 같았다. 오늘의 날짜와 아침 인사로 시작해 책 제목을 말하고, 핵심 내용을 또박또박 읽어 내려갔다. 마지막에는 꼭 짧은 응원의 메시지를 담았다. 출근길에 들을 수 있도록 새벽에 일어나 녹음을 마치고 파일을 보냈다. 그렇게 조용히, 하루하루 아들에게 말을 걸었다.

첫 일주일 동안은 아무런 반응이 없었다. 괜한 부담을 준 건 아닐까 싶어, 이틀간 낭독을 멈췄다. 그랬더니 아들에게서 메시지가 왔다.

"엄마, 어제랑 오늘은 왜 낭독 안 보내셨어요?"
"아들이 혹시 부담스러워할까 봐 잠깐 쉬었어."
"아니에요. 아침마다 엄마 목소리 듣는 게 얼마나 힘이 되는데요. 책 내용도 정말 큰 도움이 돼요."

아들의 말 한마디에 신이 나서 나는 21일 동안 하루도 빠짐없이 낭독을 이어갔다.

21일의 선물, 아들의 영상

21일째 되는 날, 21일 동안의 소감을 담아 아들에게 전했다.
"아들아, 잘 잤니? 오늘로 엄마가 낭독을 보낸 지 21일째야. 어떤 일을 계획하고 21일 동안 지속하는 게 쉽지만은 않더라. 그런데 네가 기다려 주고, 듣고, 소감을 나눠줘서 낭독을 지속하는 게 가능했어. 바쁜 와중에도 너를 위한 낭독을 준비하는 건 늘 즐거운 시간이었단다. 엄마도 처음엔 아들에게 낭독하는 게 참 쑥스러웠는데 지금은 한결 편안해졌어. 어떤 날은 녹음을 두세 번 다시 하느라 한 시간 이상 걸린 적도 많았단다. 책을 매개로 아들과 이렇게 소통할 수 있다는 게 엄마에겐 큰 기쁨이야. 사랑하는 아들을 위한 21일 차 낭독 시작할게…."

놀랍게도 그 낭독을 보낸 다음 날 아들에게서 영상이 도착했다. 21일 차 낭독을 하면서 기뻐하는 엄마를 위한 답장 영상이었다. 영상을 촬영해 유튜브에 올리고, 카톡에 링크와 함께 메시지도 보냈다.

"엄마, 21일 동안 낭독해 주셔서 감사합니다. 엄마의 고충을 느껴보고 감사의 마음을 전하고 싶어 저도 영상을 촬영했어요. 지금 세 번째 녹화 중이에요. 엄마가 정성과 시간을 많이 투자하셨다는 것을 저도 느끼게 되었어요. 저는 낭독 대신 지난달에 읽었던 책 여러 권을 핵심만 소개해 드릴게요."

다정하고 낭랑한 아들의 목소리를 듣는데 가슴이 뭉클했다. 엄마의 마음을 이해하려는 시도와 감사를 전하려는 노력이 고마웠다. 동시에 표현하기 어려운 미묘한 감정이 들어 눈물이 핑 돌았다.

독서 낭독이 만들어낸 기적

21일의 낭독은 50일로, 그리고 100일로 이어졌다. 나는 총 100편의 낭독을 완성했고 아들은 단 한 편도 빠뜨리지 않고 모두 들어주었다. 낭독을 들은 소감을 종종 전해오던 아들에게서 잊지 못할 한 통의 메시지가 도착했다.

"오늘은 여자친구랑 데이트 하는 대신에, 카페에서 몇 시간 동안 책만 읽었어요. 너무 재미있어요. 작가랑 대화하는 기분이 들어요. 저도 엄마를 닮아가는 것 같아요."

내가 아들에게 낭독을 보낸다는 이야기를 들은 원장님들은 이렇게 말하곤 한다.

"30대 아들에게 100편이 넘는 낭독을 하셨다니, 정말 대단하세요."

그러면 나는 웃으며 이렇게 답한다.

"제가 아니라, 우리 아들이 대단한 거죠. 아들이 싫다고 했다면 저도 오래 못 갔을 거예요. 엄마의 낭독을 100편이나 들어준 우리 아들이 고맙고 대단하다고 생각합니다."

실제로 내 이야기를 들은 원장님들 중엔 자녀에게 낭독을 들려주려 했지만, 부담스럽다는 반응에 금세 접었다는 분이 많았다. 만약 내 아들도 그렇게 말했다면 이 여정은 시작조차 할 수 없었을 것이다.

낭독은 소중한 내 아들에게 보내는 작고 다정한 사랑이었다.

내 사랑은 아들의 삶을 천천히 바꾸어 놓았다. 아들은 2023년의 독서 여정을 바탕으로 2024년 3월 《좋은 생각만 하기》라는 책을 출간했다. 그 책 속에는 아들이 독서에 대해 남긴 인상 깊은 글이 담겨 있다.

"책을 읽지 않았을 때는, 책 없이 사는 삶이 큰 문제가 아니라고 여겼다. 하지만 책을 읽기 시작하면서 비로소 깨달았다. 문제는 사방에 널려 있었고, 나는 그 문제들을 외면하며 살아왔다는 것을. 소크라테스는 말했다. '내가 아는 유일한 것은, 내가 아무것도 모른다는 사실이다.' 지금 책을 읽고 있는 당신, 앞으로도 책과 함께할 당신은 어떤 상황에서도 지혜롭게 길을 찾아갈 수 있으리라 믿는다."

책 출간 이후, 아들은 몇 차례의 강연을 마쳤고, 지금은 내가 운영하는 유아행복연구소의 연구원으로 함께하고 있다. 트렌드에 맞는 책을 선정하고, 연구원들과 함께 그 책을 요약하고 핵심을 정리해 유아교육 현장에 적용하는 강독회를 진행한다. 많은 원장님으로부터 뜨거운 호응을 얻고 있다. 연구소 블로그도 감각적으로 운영하며 자신의 글쓰기 강점을 살려 고객과 활발히 소통하는 창구로 자리매김하고 있다.

부모가 책을 통해 건넨 삶의 방향과 매일의 응원, 끝까지 포기하지 않았던 믿음은 시간이 흘러도 사라지지 않는다. 따뜻한 에너지는 자녀의 삶에 천천히 스며들어 조용히 뿌리를 내리고 꽃을 피우며 언젠가는 '진짜 힘'이 되어 돌아온다.

난 그 힘을 믿는다. 지금도, 앞으로도.

지금보다 더 나은 삶을 살기 위한 독서 원칙 만들기

책에 몰입하는 순간, 세상살이가 훨씬 덜 고달프게 느껴진다. 근심에서 잠시 멀어지고, 평범한 일상이 특별해진다. 빨리 다음 내용을 읽고 싶어지기 때문이다. 그 과정에서 나 자신도 긍정적인 모습으로 변해간다. 책과 사랑에 빠지는 일은 연인에게 사랑받는 것만큼이나 마음을 따뜻하게 만든다.

사람 사이의 사랑에는 불안이 따르지만, 책과의 사랑은 영원하다. 독서는 단순한 즐거움을 넘어, 새로운 일을 시작할 용기를 주고, 인생에 터닝포인트를 만들어 큰 변화를 이끌어내기도 한다. 때로는 누군가를 돕고, 나아가 세상을 움직이는 거대한 톱니바퀴의 일부가 되기도 한다.

독서를 시작하기 전, 나는 자존감이 낮았고 삶의 방향을 깊이 고민하지 않았다. 그저 하루하루 열심히 살다 보면 언젠가 잘 살게 되리라 막연히 믿을 뿐이었다. 그러나 책을 읽으며 내 안의 강점을 발견했고, 진심으로 몰입할 수 있는 일이 무엇인지 알게 되었다. 내가 하는 일에 자부심을 갖고 몰입하자 자연스레 성과가 따라왔고, 그 성과는 다시 내 자존감을 북돋우며 더 나은 삶으로 이끌었다.

더 나은 삶을 위해 내가 선택한 독서법 세 가지

1. 책을 펼치는 것으로 하루를 시작한다

책을 읽고 시작한 날은 마음이 가볍고 시선이 선명하다. 반면 책을 읽지 못한 날은 하루 종일 어딘가 흐트러진 기분이다. 바쁜 오전 강의가 있는 날에도 최소 10분은 책을 읽는다. 짧은 시간이지만 그 시간의 독서는 기대 이상으로 많은 지혜와 통찰을 선물한다. 그 작은 습관이 실수를 줄이고 하루를 더욱 단단하게 만든다. 끌려가는 삶이 아니라 주도적인 삶을 살기 위해 독서를 가장 중요하고, 가장 급한 일로 정했다. 그 결심은 내 삶의 축이 되어 흔들림 없이 원하는 방향으로 나아가게 해주었다.

2. 간절한 주제부터 읽는다

나는 언제나 내 삶에 가장 필요한 주제의 책부터 찾는다. 관계가 삐걱거릴 때는 리더십이나 인간관계에 관한 책을, 연구소의 운영 방향이 고민될 때는 마케팅에 관한 책을 펼친다. 인생의 돌파구를 찾고 싶을 때는 자서전이나 자기계발서를 찾았다. 어려운 환경 속에서도 삶을 바꾼 이들의 이야기는 나에게도 희망을 주었다. 나도 그렇게 살아갈 수 있다는 믿음이 생기며, 자연스레 인생의 방향이 보이기 시작했다.

3. 핵심 위주로 여러 번 읽는다

정독이 필요한 책은 꼼꼼히 읽고, 핵심 위주로 읽을 수 있는 책은 그 부분만 반복해서 읽는다. 파레토 법칙이 책에서도 적용된다는 사실을 깨달았기 때문이다. 파레토 법칙이란, 20%의 원인에 의해 80%의 결과가 발생하는 현상을 의미한다. 한 권의 책에서도 핵심은 20%에 불과하고 나머지 80%는 그것을 설명하는 부분이었다.

20%의 핵심을 여러 번 반복해 읽자, 이해력과 실행력이 함께 성장했다. 요즘은 완독해야 할 책과 핵심 위주로 여러 번 읽어야 할 책을 구별하며 효율적인 독서를 이어가고 있다.

오늘의 선택이 더 나은 내일을 만든다

독서는 단지 여가를 위한 취미가 아니다. 격변하는 세상에서 살아남기 위한 전략이며 한 걸음 앞서나가기 위한 경쟁력이다. 그 이유는 다음과 같다.

첫째, 빠르게 변하는 시대를 살아가는 데 필요한 넓은 시야를 제공한다. 다양한 인물과 사건, 사고를 따라가다 보면 자연스레 새로운 관점과 아이디어가 떠오른다. 독서를 통해 단순히 정보를 제공받는 것에서 그치는 것이 아니라 문제를 다르게 보고 다르게 풀 줄 아는 힘. 즉, 창의적 생존력이 생긴다.

둘째, 마음을 단단하게 만든다. 지금은 우울과 불안이 일상이 된 시대다. 마음의 체력이 약해지면 많은 기술과 정보도 무용지물이 된다. 영국 서섹스 대학의 연구에 따르면, 단 6분의 독서가 스트레스를 68%나 줄여준다고 한다. 음악, 커피, 산책보다도 효과적이다. 책을 읽는 순간, 복잡한 일상에서 잠시 떨어져 나를 돌아보고 긴장된 마음을 내려놓게 된다. 독서는 회복의 기술이다. 마음이 무너지지 않아야 인생도 계속 나아갈 수 있다.

셋째, 함께 더불어 살아가는 법을 알려준다. 세상은 나 혼자 살아가는 공간이 아니다. 책은 수많은 타인의 입장을 간접 경험하게 해준다. 그들의 감정, 선택, 사고의 흐름을 따라가며 자연스럽게 공감하는 법을 배운다. 공감은 인간관계의 핵심이며 협력과 설득, 소통의 기반이다. 사람을 얻는 이에게 기회가 찾아오는 법이다. 출발점은 책 속에 있다.

  지금 당신은 책을 읽는 선택을 했다. 만약 내일도 그 선택을 한다면, 책이 당신의 내일을 분명히 바꿔 놓을 것이다.

작은 시작이 위대한 끝을 만든다.
- 아나톨 프랑스

제 5장

오늘의 한 걸음이
내일의 내가 된다

큰 변화는 거창한 계획에서 시작되지 않는다. 그저 오늘의 '한 걸음'이 내일을 바꾸고 인생을 이끈다. 5장은 당신이 오늘 내디딜 첫걸음에 관해 이야기한다.

매일 한 줄, 나를 위한 글쓰기

 삶의 어느 순간, 말로 다 담기지 않는 감정이나 기억을 글로 남기고 싶어질 때가 있다. 그러나 막상 펜을 들면 머릿속은 하얘지고 손끝은 망설임으로 굳는다. 백지 앞에서 마주한 그 막막함, 누구나 한 번쯤은 경험해 봤을 것이다. 나 역시 그랬다. 잘 써야 한다는 부담감으로 인해 한 줄도 쓰지 못한 날이 많았다.
 그 무렵 이은대 작가의 강의를 들었다. "잘 쓰려고 하면 한 줄도 쓰지 못한다."라는 말을 듣고 '그래, 잘 쓰려고 하지 말자. 엉망진창이어도 괜찮으니 일단 써보자.' 마음먹었다. 그렇게 마음을 다잡고 세 줄부터 쓰기 시작했다. 세 줄이 다섯 줄이 되고

다섯 줄이 열 줄이 되었다. 매일 쓰는 습관이 몸에 배자, 글 쓰는 일이 즐거웠다.

상처에서 피어난 글

2018년, 유아교육기관의 선생님과 원장님들을 위해 《상처가 사명이 되어》라는 책을 집필하기 시작했다. 글을 쓰는 동안 지난날의 고통과 부끄러움, 아직도 치유되지 않은 감정들이 문장 하나하나에 실려 나왔다. 그때마다 나는 내게 속삭이듯 말했다.
"선해야, 정말 수고했어. 많은 시련이 있었음에도 불구하고 그 힘든 시간을 견디면서 여기까지 잘 왔어. 네가 참 대견하다."
글쓰기는 단순히 문장을 적는 행위가 아니라, 나 자신과 마주 앉아 마음을 어루만지는 일이었다.
원고를 쓰면서 참 많은 사람이 떠올랐다. 힘겨운 시절 나의 곁을 지켜준 친구, 교육의 길을 함께 걸었던 원장님들, 선배, 동료, 가족, 어렵던 시절 기꺼이 도와준 출판사 대표님까지. 그분들이 아니었다면 나는 여기까지 올 수 없었을 것이다. 글을 쓰면서 감사의 기억이 되살아나 울기도 하고 웃기도 했다. 소중했던 사람들을 만나게 되는 그 시간이 좋아 '이대로라면 매일 글을 쓸 수도 있겠구나.' 생각했다.

쓰는 고통, 닿는 감동

초고를 쓸 때의 설렘은 퇴고 과정에서 시련으로 바뀌었다. 수없이 읽고 고치기를 반복했다. 쓴 글이 마음에 들지 않아 40% 이상을 날리고 다시 쓰기도 했다. 문장을 고치고 나면 문맥이 이상하게 느껴졌고, 문맥을 수정한 뒤에는 내가 쓴 글 같지 않은 어색함이 눈에 띄었다. 수십 번을 반복하자 활자를 보기만 해도 머리가 지끈거리고 속이 메슥거렸다. 결국 퇴고 기간 내내 두통약을 달고 살았다.

오랜 고통 끝에 《상처가 사명이 되어》가 세상에 나왔다. 출간의 순간에도 후련함보다는 탈진에 가까운 감정이 밀려왔다. 그 후로 나는 한동안 글과 거리를 두었다. 시간이 흐르면서 독자들로부터 메일이 도착했다.

"작가님의 책을 읽으며 마치 제 이야기 같아 많은 위로를 받았습니다."

"유아교육인으로서 자부심이 느껴집니다."

"상처가 사명이 된다는 말에 저도 힘을 얻었습니다."

"역경을 경력으로 바꾸면서 힘든 시간을 잘 이겨내신 작가님께 박수를 보냅니다."

"저도 제가 선택한 유아교육을 더 즐기며 아이들과 행복한 시간 보내겠습니다."

그 메일들을 읽는 순간, 집필의 고통은 눈 녹듯 사라졌다. 글을 쓰며 느꼈던 기쁨과 고통이 누군가에게 닿아 의미가 되었다는 사실에 가슴 뻐근한 감동이 밀려왔다.

하루 한 줄의 힘

책 집필이 아니어도 나만 볼 수 있는 네이버 밴드에 매일 짧게라도 글을 쓴다. 감사일기, 칭찬일기, 반성일기, 독서일기, 기억하고 싶은 일상 등을 적는다. 하루를 돌아보며 적은 그 짧은 문장들 속에서 나를 다시 만난다. 글을 쓰며 부족한 나를 탓하기보다 있는 그대로 바라보며 토닥여준다.

글쓰기를 통해 나를 있는 그대로 받아들이는 것을 경험했기에, 이 책을 읽고 있는 당신에게도 권하고 싶다. 처음부터 길게 쓰려고 애쓰지 않아도 괜찮다. 오늘 하루 마음에 남은 말 한 줄, 잠들기 전 떠오른 생각 하나, 나를 웃게 했던 순간 한 장면. 그것으로도 충분하다. 무엇을 써야 할지 모르겠다면 이렇게 시작해 보면 어떨까?

"오늘 나를 웃게 한 건…"
"오늘 하루 가장 마음에 남는 말은…"
"지금 내 마음을 색깔로 표현하면…"
"지금 이 순간 나에게 가장 필요한 말은…"

매일 쓰는 한 줄이 당신을 위로해 주고, 당신의 삶을 즈금 더 평안한 방향으로 이끌어줄 것이다.

내 운명은 오늘의 한 걸음으로 만들어진다

'왜 나한테만 이런 일이 생기는 걸까?'

누구나 인생의 어느 순간에서 이런 생각을 해본 적이 있을 것이다. 예기치 않은 실패, 내 맘 같지 않은 관계, 뜻대로 흘러가지 않는 삶의 흐름 앞에서 우리는 문득 운명을 탓하고 싶어진다. 하지만 꼭 기억해야 한다. 운명은 정해진 것이 아니라, 오늘 내가 선택한 방향으로 조금씩 흘러간다는 사실을.

삶은 늘 우리에게 선택을 종용한다. 주어진 길을 걸어갈 것인가, 아니면 새로운 길을 찾아낼 것인가. 갈림길 앞에서는 누구나 망설이기 마련이다. 확신이 없기 때문이다. 이제껏 걸어온 길은 익숙하고 친밀하지만, 아직 가보지 않은 길은 낯설고 두렵다. 하지만 명심해야 한다. 그 끝에 무엇이 있을지는 아무도 모른다. 익숙한 길의 끝이 꼭 성공이라는 보장도, 낯선 길의 끝이 꼭 실패라는 보장도 없다. 그러니 불안을 딛고 나아가는 한 걸음이 운명을 바꾸는 첫걸음이 된다.

나 역시 인생에서 몇 번의 큰 좌절을 겪었다. 사춘기 시절, 새어머니와의 갈등으로 감정의 골이 깊었다. '정말 이 집을 떠나고 싶다.'라는 생각이 머릿속을 맴돌았다. 문 앞까지 나갔던 적도 있지만 결국 발걸음을 돌렸다. 감정적인 선택으로 후회를 남길 수 있다는 판단에서였다.

결혼 후에는 남편과의 갈등으로 인해 이혼을 고민한 적이 있다. 그러나 내 아이들에게만은 온전한 가정을 지켜주고 싶었기에 끝까지 참아냈다. 경제적으로도 흔들렸던 시절에도 모든 것을 내려놓고 싶었지만, 포기 대신 도전을 선택했다. 불확실한 현실에서도 도전을 선택했던 이유는 단 하나였다. 내 인생이 그만큼 소중했기 때문이다.

믿음은 다시 걷게 하는 힘

미국의 사회운동가 헬렌 켈러는 이렇게 말했다.
"인생은 도전하지 않으면 아무 가치도 없다."

그녀는 듣지도 보지도 말하지도 못하는 극한의 장애 속에서도, 자신에게 주어진 현실을 받아들이고 새로운 길을 개척했다. 그 모습은 나에게 큰 울림을 주었다. 중요한 건 내게 주어진 조건이 아니라 삶을 바라보는 태도다.

"긍정적인 생각은 좋은 일을 만들고, 부정적인 생각은 실제로 나쁜 현실을 끌어온다."

긍정의 마음으로 하루를 살아가면, 어두컴컴하게만 느껴지던 앞길이 어느 순간 서서히 밝아지기 시작한다. 불가능하다고 느꼈던 일에서도 희망의 빛이 반짝인다.

결국, 운명을 바꾸는 힘은 특별한 능력이 아니라 자신의 삶을 책임지려는 태도에서 비롯된다. 같은 위기 앞에서 누군가는 끝났다고 말하고 누군가는 이제 시작이라고 말한다. 이 차이를 만드는 건 환경도 타고난 재능도 아니다. 삶을 긍정적으로 바라보는 내면의 힘이다.

내가 나를 믿는 순간, 길은 열린다

지치고 흔들릴 때는 자신에게 이렇게 말해보자.

"나는 이 상황을 이겨낼 수 있는 사람이다. 지금 나에게 닥친 이 일은 분명히 내 삶에 도움이 될 것이다."

이 속삭임 하나가 다시 일어설 수 있는 버팀목이 되어줄 것이다. 누군가의 위로나 응원이 일시적인 위안이 될 수는 있다. 그러나 내가 나를 믿지 않는다면 무용지물이다. 삶에서 가장 든든한 조력자는 타인도 환경도 아닌 바로 '나 자신'이다.

그 사실을 믿는 순간부터 우리는 어떤 상황에서도 다시 일어날 수 있다. 운명은 거대한 한 방으로 바뀌지 않는다. 오늘의 작은 선택, 그 하루하루의 누적이 결국 우리의 삶을 만든다. 그 모든 시작은 내가 나를 믿는 한 걸음에서 출발한다. 이 순간 자신에게 이렇게 말을 걸어보자.

"내가 원하는 삶을 위해 지금 어떤 한 걸음을 내디딜 것인가."

좋은 명언이
좋은 삶을 끌어당긴다

명언은 누군가가 평생을 살아내며 얻은 통찰을 한 줄로 요약해 우리에게 건네주는 선물이다. 그 한 문장을 가슴에 품고 살아가는 사람의 마음은 흔들릴 수는 있어도 부러지지 않는다. 명언은 마음의 근육을 단단하게 만든다. 작은 습관처럼 매일 그 말을 되뇌다 보면 어느새 생각이 달라지고, 말이 달라지고, 행동이 달라지고, 결국 삶이 달라진다.

윌리엄 제임스는 이렇게 말했다.

"행복해서 웃는 것이 아니라, 웃어서 행복한 것이다."

이 명언을 알게 된 후, 나는 우울하거나 화가 나도 억지로라도 자주 웃으려 노력했다. 힘들 때 웃으면 처음에는 가짜 웃음이 나오지만, 차차 진짜 웃음으로 바뀐다. 나는 웃음 덕분에 내 삶이 더 행복해졌다고 믿는다. 웃으면서 부정적인 생각을 하기 어렵기 때문이다. 윌리엄 제임스의 명언을 가슴에 새기면서 내 삶은 더 나아졌고 주변 사람들에게도 밝은 에너지를 전할 수 있었다.

어떤 날은 그저 살아가는 것조차 버거울 때가 있다. 마음은 지치고 다짐은 희미해지고, 눈빛은 흐려진다. 그럴 때 나는 조용히 되뇐다.

"이 또한 지나가리라."

짧지만 단단한 이 문장은 좌절의 순간에도 고개를 들게 하고, '그래, 견딜 수 있어.'라는 희망의 문을 열어준다.

지식은 머리에 쌓이고, 지혜는 가슴에 스며든다. 가슴에 한 문장을 품고 산다는 건 내가 나를 일으킬 힘을 기르는 일이다. 물론, 명언을 외운다고 삶이 저절로 바뀌진 않지만, 명언을 붙잡고 사는 삶은 쉽게 무너지지 않는다. 좋은 명언은 좋은 삶을 끌어당기는 자석과 같다. 우리가 어떤 말과 함께 사느냐에 따라 우리의 하루, 우리의 인생이 달라질 수 있다.

명언 산책 21일 프로젝트

2024년 12월 4일부터 이민규 교수님이 진행하는 명언 산책 21일 프로젝트에 참여했다. 우리는 명언 산책 시작 전에 서약서를 작성했다. '21일 동안 하루도 빠지지 않고 명언 산책 미션을 수행하겠습니다.' 총 80명이 단톡방에 함께했고, 우리는 매일 새벽 다섯 시, 같은 시간에 같은 문장을 만났다. 눈을 뜨면 가장 먼저 카카오톡을 열었다. 명언을 읽고 필사한 후, 명언과 관련한 질문에 자신의 사례와 글을 작성한 후 그날 밤 10시까지 단톡방에 올렸다.

예를 들자면. 15일 차의 주제는 피그말리온 효과였고, 주어진 명언은 R.W. 에머슨의 "상대가 위대한 사람인 것처럼 대우하라. 그러면 그들은 자신이 위대한 사람이라는 사실을 입증해 낼 것이다."였다.

이민규 교수님이 명언과 함께 올린 장문의 글을 읽으면서 여러 사람이 떠올랐다. 특히 초보 교사 시절에 나의 가치를 인정해 주었던 원장님이 떠올랐다.

"고선해 선생님은 아이를 진심으로 사랑하고, 그들의 마음을 잘 읽고 토닥여주는 사랑과 지혜가 가득한 사람이야. 선생님은 유아교육을 빛내는 별 같은 존재가 될 거야."

자존감이 낮았던 20대 초반, 나를 믿어주신 원장님의 믿음 덕분에 사랑이 넘치는 지혜로운 교사가 되려고 부단히 노력했다. 이후에도 나를 믿고 지지해 주신 분들 덕분에 많은 성과를 내면서 이 자리에 올 수 있었다.

15일 차 명언 산책의 질문은 '내가 다음으로 조각하고 싶은 사람은 누구이고, 그를 어떻게 조각하고 싶은가?'였다. 내가 조각하고 싶은 사람은 K였다. 당시 내가 단톡에 올렸던 글이다.

제가 마음으로 조각하고 싶은 사람은 K입니다. 그 사람은 정말 많은 잠재력을 가지고 있습니다. 밝은 에너지를 갖고 있고, 배우면 바로 실행하는 '실천 대마왕'입니다. 특유의 언어로 사람들을 무장해제 시킵니다. 그 어떤 노래도 자신의 스타일로 멋지게 개사하는 능력도 있답니다. 지금 언급한 것 말고도 10가지 이상 더 쓸 수 있습니다.

이렇게 강점이 많은 사람인데, 본인은 정작 잘 모르고 있어 종종 안타까운 마음이 듭니다. 누군가와 비교하면서 자신을 부족하다고 여깁니다. 그래서 제가 "누군가와 비교하지 말고 과거의 자신과 비교해 보세요. 그러면 1년 전에 비해 얼마나 큰 성장을 했는지 느끼게 될 거예요."라고 이야기해 주었습니다. 저는 지금도 수시로 그 사람의 장점을 이야기해 줍니다. 보이는 걸 그대로 이야기했을 뿐인데 그 사람은 늘 저에게 감동합니다. 이미 잠재되어 있던 내면의 씨앗이 꽃을 피워내도록 본인이 노력하고 있는데 말이에요.

그런데 얼마 전부터 이 사람이 변했습니다. 자신을 부족하게 여기는 마음과 부정의 언어도 줄었고, 문제 해결 방식도 달라졌습니다. 소홀했던 건강과 마음도 조금씩 챙기고 있습니다. 또한, 그녀와 함께하는 이들의 삶에도 긍정적인 영향을 주고 있습니다. K의 변화에 저도 행복해집니다. 앞으로도 K의 강점을 더 많이 발견하여 이야기해 주려 합니다. 지금보다 더 많은 잠재력을 발휘하면서 자신에게 스스로 반하는 멋진 인생을 살아갈 수 있도록 돕고 싶습니다. 피그말리온 효과를 제가 먼저 체험하고 누군가의 마음을 조각해 주는 피그말리온의 삶을 살게 되어 감사합니다.

이민규 교수님과 함께하는 명언 산책 21일 프로젝트는 끝났지만, 나는 그 여운을 흘려보내지 않기 위해 우리 연구원들과 명언 산책을 이어가고 있다. 출근 후 가장 먼저 명언을 읽고 그와 관련한 질문에 대한 답을 명언 산책 밴드에 작성한다.

출근하자마자 명언 산책에 관련한 질문을 작성하는 일이 부담스럽지 않은지 팀원들에게 물었다. 팀원들은 입을 모아 말했다.

"명언 산책으로 하루를 시작하니 두뇌 회전이 잘 돼서 업무 몰입도도 훨씬 높아졌어요."

명언은 성공한 사람들의 지혜와 경험을 담고 있기 때문에 우리어게 영감을 준다. 그렇게 얻은 영감은 자연스럽게 동기부여로 이어진다. 명언을 통해 우리는 삶에 대한 통찰력을 얻을 수 있고 자기계발과 성장을 도모할 수 있다. 또한, 우리에게 긍정적인 마인드셋을 유도하여 삶을 긍정적인 태도로 살아가는 데 도움을 준다. 매일 꾸준히 독서하기 어렵다면 책 대신 한 줄의 명언으로 하루를 시작해 보는 것은 어떨까?

돈을 좇지 말고
따라오게 하라

서울 강남구 코엑스 더플라츠에서 열린 '헤럴드 머니페스타 2024'가 이틀간 3,000여 명이 몰리며 성황리에 마무리됐다. '경제적 자유'를 주제로 국내 최고의 연사로 구성된 18개 강연으로 구성된 '헤럴드 머니페스타'는 부동산과, 주식, 금융, 세제 등을 두루 아우르는 명실상부한 국내 대표적인 재테크 박람회로 자리 잡았다.

유명 부동산 칼럼니스트 아기곰의 강연에는 세미나실 자리가 부족할 정도로 대중의 높은 관심을 끌었다.[2]

---

2 '경제적 자유' 갈망...3000여명 뜨거운 열기 [헤럴드 머니페스타 2024], 헤럴드 경제, 성연진 기자 (2024.10.07)

돈을 좇는 현실

MZ 알바생들의 가장 큰 새해 소망은 '경제적 여유'라고 한다. 아르바이트 플랫폼 알바몬이 최근 20대~30대 남녀 알바생 1,997명을 대상으로 '2025년 새해 소망'에 관한 설문을 실시했다. 그 결과, '경제적으로 좀 더 여유가 생겼으면 좋겠다'는 의견이 응답률 75.3%로 가장 높았다. 다음은 '가족의 건강을 염원(55.6%)'하는 이들이 많았다. 반면, 새해에 연애와 결혼을 하고 싶다는 의견은 응답률 9.3%, 다이어트 성공(8.5%), 내 집 마련(좀 더 좋은 곳으로 이사_6.6%)은 상대적으로 낮았다.[3]

한국에는 '경제적 자유' 열풍이 몰아치고 있다. 이런 현상은 주로 2030 청년세대에서 나타나는데, 이는 불안정한 경제 상황과 미래에 대한 불확실성이 원인이 된 것으로 보인다. 하지만 정말 '경제적 자유'를 삶의 최종적인 목표로 추구해도 괜찮은 걸까? 경제적 자유를 바라는 삶이 나쁘다는 것이 아니다. 하지만 그것을 인생의 최종 목표로 삼았다가는 삶이 황폐해지기 쉽다. 경제적 자유를 위해서 살아가는 것이 아니라, 꿈을 이루어 나가는 과정에서 자연스레 실현되도록 하는 것이야말로 이상적이라고 할 수 있다.

---

3 MZ 알바생 새해 소망, '연애·결혼' 보다 '경제적 자유' 원해!, 사례뉴스, 이성현 기자 (2024.12.30)

우리는 종종 돈을 좇는다. 안정된 삶, 풍요로운 미래, 더 많은 기회를 위해. 아이러니하게도, 돈을 좇을수록 행복으로부터 멀어진다. 어느 순간부터 꿈이 아니라 짐처럼 느껴지기 시작하면서 마음의 여유도 점점 사라진다.

나 역시 경제적으로 힘들었던 시기에 "어떻게 하면 돈을 벌 수 있을까?"라는 질문을 입에 달고 살았다. 돈을 벌겠다고 다짐하고, 돈을 좇고, 더 바쁘게 움직였지만, 그럴수록 돈은 늘 저 멀리 도망갔다. 도망가는 돈을 좇는 데 에너지를 다 쓰고 나면 남는 건 허무함뿐이었다. 그러다 깨달았다. 돈만 좇으며 방향을 잃은 삶보다는, 누군가에게 방향을 제시해주는 삶이 더 가치 있다는 것을.

1장에서도 언급했듯, 나는 내가 가진 강점인 '웃음', '긍정', '나눔'이 세상에 유익이 될 수 있다는 걸 알게 되었다. 나의 웃음이 누군가에겐 위로가 되고, 나의 긍정이 누군가에겐 희망이 되고, 나의 나눔이 누군가에게 힘이 되었다. 세상에 유익을 주는 삶을 살자, 사람들이 먼저 손을 내밀었다. 그것이 나의 일이 되었고, 그 일은 나의 수입이 되었다.

당신만의 씨앗을 찾아보자

혹시 당신은 자신의 강점을 알고 있는가? 모른다면 이렇게 권하고 싶다.

첫째, 조용히 나 자신을 들여다보자. 어떤 순간에 에너지가 솟는가? 무슨 일을 할 때 몰입하게 되는가?

둘째, 주변 사람들이 나에 대해 하는 말을 기록해 보자. 그들이 발견한 내 모습 속에, 나도 모르는 나의 강점이 숨어 있다.

셋째, 과거의 성취를 돌아보고 적어보자. 잘 해낸 일, 뿌듯했던 순간을 되짚으며 그때 발휘한 능력과 태도를 기록해 보자. 거기에 당신만의 씨앗이 숨어 있다. 약점만 있는 사람은 없다.

'내 강점'을 중심으로 삶을 다시 설계하는 것, 그것이 바로 전환의 시작이다. 정리를 잘하는 사람은 정리 컨설턴트로 일하거나 관련된 콘텐츠를 만들 수 있고, 실패를 많이 겪은 사람은 그 경험을 통해 타인에게 용기를 주는 이야기를 전할 수 있다. 경청을 잘하는 사람은 타인의 이야기를 들어주는 상담자가 될 수 있다. 당신이 강점을 발견하는 순간 삶의 방향이 보일 것이다. 당신의 강점이 누군가를 도울 수 있다.

자녀에게 전한 인생의 공식

아들과 딸에게 자주 얘기한다. "내가 좋아하면서 세상에 도움이 되는 길이 무엇일까? 그 질문에 먼저 답하고, 그걸 업으로 삼으면 자연스럽게 돈은 따라오게 되어 있어. 엄마는 너희가 좋아하는 일을 직업으로 선택했으면 좋겠어."

이런 이야기를 들으며 자란 아들은 경제경영학과를 졸업한 뒤, 다양한 직업을 경험했다. 그리고 가장 행복하다고 느끼는 길을 선택했다. 바로 아이들을 가르치는 일이다. 지금 그는 내가 만든 발표력 프로그램을 함께 연구하며 현장에 나가 아이들과 수업하고 있다. 아이들이 변화하는 모습에 감동하며 함께하는 시간을 즐긴다.

가치를 주는 삶, 진심을 나누는 삶, 세상에 유익을 전하는 삶의 길을 걷다 보면 돈은 저절로 따라온다. 사람들의 신뢰와 사랑이 나의 일이 되고, 수입이 된다. "어떻게 하면 돈을 벌 수 있을까?"라는 질문을 "누구에게 어떤 도움을 줄 수 있을까?"라는 질문으로 바꾸는 순간, 우리는 돈을 좇는 사람이 아니라, 돈이 저절로 따라오는 사람이 된다.

'세상에 유익을 주는 일을 할 때 돈이 나를 따라온다.' 그것이 바로, 내가 아이들에게 남기고 싶은 행복한 부자의 공식이다.

기꺼이 주는
삶으로

2004년 10월, 서울에 있는 D 연구소에서 연락이 왔다.

"원장님의 프로그램을 다른 원장님들께도 소개해 보는 건 어떠세요? 제가 전에 고선해 원장님 수업을 직접 들었잖아요. 전국에 있는 선생님들이 원장님처럼 발표력 수업을 할 수 있도록 교사 교육을 해주신다면 이 수업은 대박이 날 거예요."

그 제안은 마치 하나님께서 내게 주신 사명처럼 느껴졌다. 우리 원의 아이들만이 아니라, 대한민국 아이들이 모두 행복하게 성장할 수 있도록 돕는 일. 우리 원에서만 교육하면 백 명의 아이들만 바꿀 수 있지만, 전국의 원장님들과 함께하면 수만 명의 아이에게 영향을 줄 수 있겠다는 확신이 들었다.

발표력 프로그램을 접한 몇몇 원장님들의 요청으로 나는 '자존감 쑥쑥 발표 교실' 교재를 만들기 시작했다. 대부분 "대중적인 수요는 없을 거다."라며 반대했지만, 내 생각은 달랐다. 아이들의 미래를 진심으로 생각하는 원장님들은 이 프로그램의 진가를 알아봐 주실 거라 믿었기 때문이다.

실패 속에서도 꺾이지 않은 진심

2008년, 경제적인 어려움 속에서 원을 정리하고 강의에 집중하기로 결심했다. 출판사 대표님의 도움으로 전국에 우편 광고를 보냈지만, 첫 수강생은 단 1명이었다. 당시 발표력은 돈을 내고 따로 배워야 하는 교육이라는 인식조차 없었기에 여러 번의 광고에도 반응은 미미했다. 많은 원장님과 부모님이 '영어, 음악, 미술은 중요하지만, 발표는 때가 되면 알아서 잘 하게 되지 않을까?'라고 생각했다. "첫술에 배부르랴."라는 말로 스스로를 다독였지만, 점점 자신감을 잃어갔다.

결국, 발표력만으로는 어렵다는 판단을 내리고, 우선 고객에게 신뢰를 주는 일부터 시작하기로 마음먹었다. 원장님들이 필요하지만 바빠서 준비하지 못한 부모교육, 오리엔테이션, 상담교사 교육 자료를 정성껏 제작해 제공했다. 단 한 명이 와도 최선을 다했고, 그 진심은 차츰 신뢰로 이어졌다. 신뢰가 쌓이자,

원장님들은 발표력 프로그램에도 조금씩 관심을 보이기 시작했다.

가능성을 현실로 만든 동지들

발표력 수업이 전국적으로 퍼지기 시작한 2010년, 한 원장님이 연구소로 전화를 주셨다.

"발표 수업을 하면서 아이들이 빠르게 변화하니, 부모님들의 반응도 뜨거워요. 이 수업은 근처 다른 원에서는 안 했으면 좋겠어요. 발표력 프로그램을 프랜차이즈화 해보시는 건 어때요? 가맹비와 연회비를 내면 지역권을 보장해 주고, 교사 관리를 소장님이 직접 해주시는 거예요."

음식점도 아니고 교육 프로그램을 프랜차이즈화한다니, 비현실적이라고 생각했다. 참고할 만한 선례도 없어 수요가 있을지 확신할 수도 없었다. 그러나 고객이 먼저 요청한 제안이라는 점에서 가능성을 발견하고 행동으로 옮겼다. 결과는 성공적이었다.

지금은 전국의 가맹원 교사들을 대상으로 연 6회의 온라인 교사 교육을 진행하고 있다. 교사 교육으로만 그치는 것이 아니라, 연령별로 9개의 오픈채팅방을 만들어 수업 도움 자료와 영상을 실시간으로 제공한다. 가맹원 원장님만을 위한 다양한 생존 전략이 담겨 있는 연 6회의 교육도 진행 중이다. 우리의 진심이 닿았는지 어느덧 가맹원은 전국에 300개 가까이 되었다.

"발표력 프로그램을 선택했을 뿐인데 교사 교육, 원 경영 전략, 가정연계 프로젝트까지 이렇게 많은 지원을 받아서 깜짝 놀랐어요. 힘들고 외로운 길에 든든한 동지를 만난 것 같아 행복합니다."

원장님 교육 후 후기로 남겨주신 이 말이 오래도록 내 마음에 남았다. 무모한 도전이었지만, 나와 함께 걸어주는 원장님들 덕분에 위대한 여정이 되었다. 서로 도우면서 함께 나아갈 수 있어 행복하다.

기꺼이 주는 사람으로

성공 서적에서는 종종 '기버(Giver)'가 되라고 말한다. 그 말이 이제 나의 삶을 가장 잘 설명해 주는 문장이 되었다. 언제나 베푼 만큼 돌아오는 것은 아니지만, 보답을 바라고 나누었던 것은 아니기에 괜찮았다. 나누면서 충분히 행복했고 더 멀리 도약할 기회가 되었으므로.

내가 원장에서 강사로 명함을 바꾸고 유아행복연구소가 20년을 걸어올 수 있었던 것도 모두 발표 수업 덕이다. 나의 아픔을 소명으로 승화시켜 베풀었기에 지금의 내가 있다. 아이들을 존중하며 행복한 리더로 성장시키는 이 수업에 더 많은 이들이 관심을 가져주길 바란다.

나는 앞으로도 기꺼이 주는 사람, '기버(Giver)'로 살아가려 한다. 그것이 내가 유아행복연구소를 만든 이유이며, 앞으로도 이 길을 멈추지 않을 이유다.

인생 2막을 준비할 시간

오래전부터 강의 시간에 원장님들께 이런 질문을 드려왔다.

"원장님, 원장이라는 꿈을 이루고 지켜내느라 정말 수고 많으셨습니다. 예전에는 원장이 되기만 하면 내가 하고 싶을 때까지 일을 이어갈 수 있었습니다. 하지만 이제는 저출산 등 여러 이유로 인해 우리의 일은 결코 안정적이라고 할 수 없습니다. 물론, 평생 아이들과 함께할 수 있다면 좋겠지요. 그러나 부득이하게 원을 정리하고 원치 않게 멈추어야 하는 순간이 찾아올 수 있습니다.

조금이라도 에너지가 남아 있을 때, 인생 2막을 준비해야 합니다. 꿈이 있어야 현실 앞에서 무너지지 않고 앞으로 나아갈 수 있으니까요. 그렇다면, 원장님이기에 더 잘할 수 있는 일은 무엇일까요? 전혀 새로운 분야보다, 지금까지 몸담아온 유아교육의 토대 위에서 생각해 보세요. 운영하던 원은 사라지더라도 지금까지의 경험은 사라지지 않습니다. 오히려 더 깊고 넓게, 더 의미 있게 쓰일 수 있습니다."

내 이야기를 듣고, P 원장님이 조용히 말씀하셨다.

"유아교육에 평생을 바치며 열심히 달려왔는데, 요즘은 원 경영도 어려워지고 희망도 점점 사라지는 것 같아요. '이젠 좀 쉬고 싶다.'라는 마음과 '그래도 아직 뭔가 더 할 수 있지 않을까?' 하는 마음 사이에서 늘 갈팡질팡하고 있었어요. 그런데 오늘 소장님 말씀을 들으니 더 이상 미루지 말고, 방향부터 잡아야겠다는 생각이 듭니다. 사실 상담이나 부모교육에 관심은 있었지만, 그동안은 '이 나이에 뭘 할 수 있을까?' 하는 마음에 망설였거든요. 지금은, 천천히라도 시작해 볼 수 있겠다는 용기가 생겼습니다."

이어서 크 원장님도 자신의 이야기를 나눠주셨다.

"아이들과 함께 걸어온 시간이 너무나 소중하고 자랑스럽지만, 요즘은 '앞으로 어떻게 살아야 하지?' 하는 막연한 불안이 자꾸 밀려왔어요. 하지만 소장님 말씀을 들으니 제가 잘할 수 있는 일을 천천히 찾아볼 수 있을 것 같아요."

이야기를 나눈 후, 원장님들께 '인생 2막에서 내가 하고 싶은 일'을 직접 적어 보는 시간을 드렸다. 그러자 다양한 가능성을 꺼내놓기 시작했다. 상담사, 동화구연가, 인성 캠프장 운영자, 부모교육 강사, 숲 해설가, 작가, 그리고 어르신 유치원의 원장까지. 그 모습을 보며 나는 다시 확신할 수 있었다. 원장님들의 손에는 이미, 인생 2막의 싹을 틔울 씨앗이 한 움큼 쥐어져 있다는 사실을.

준비된 사람은 흔들리지 않는다

얼마 전, 한 통의 전화를 받았다. 오래전부터 내 강의를 들었던 J 원장님이셨다.

"소장님, 아이들이 줄어서 2년 전에 원을 정리했어요. 제 친구 원장은 원을 정리한 후에 '이제 뭘 해야 하지?' 하며 고민하기 시작했지만, 저는 10년 전 소장님 강의를 듣고 일찍이 방향을 잡아둔 덕에, 멈춤을 기회 삼아 인생 2막을 준비할 수 있었어요. 그 사이에 책도 쓰고 강의 준비도 했거든요. 지금은 군부대나 청소년 대상 강의도 나가요. 이 모든 건 소장님 덕분입니다. 정말 감사합니다."

전화를 끊고 한참 동안 여운이 남았다.

은퇴 후 아무런 준비 없이 맞이하는 삶은 지나간 시간에 대한 후회와 미래에 대한 불안으로 가득할 수 있다.

지금, 아주 잠깐이라도 시간을 내어 종이 한 장을 앞에 두고 낙서하듯 써보자. 내가 잘했던 것, 내가 좋아했던 일, 지금 끌리는 분야, 작게나마 실천할 수 있는 일. 아직은 '기록'일 뿐이지만 그 기록이 당신의 인생 2막 시나리오의 첫 문장이 될 수 있다. 지금 내가 하는 생각, 지금 내가 들여다보는 마음이 곧 나를 빛나는 다음 장으로 이끌어줄 것이다.

오랫동안 내 강의를 듣고 실제로 인생 2막을 열어간 원장님들이 꽤 많다. 다음 장에서는 그중 세 분의 이야기를 소개하려 한다. 누군가는 자신의 전문성을 살려 새로운 길을 만들었고, 또 누군가는 두려움 속에서도 변화를 선택해 의미 있는 도전을 이어가고 있다. 그들의 발자국을 따라가다 보면 당신도 분명히 느낄 것이다. 나에 대한 확신은 인생 2막을 여는 가장 단단한 출발점이 될 것이다.

'죽으란 법은 없다. 내 인생에도 분명 다음 장이 있다.'

인생 2막을 걷고 있는
사람들의 이야기

제2의 명함, 그리고 나의 봄 - 정영혜

2010년, 부모교육 강사 과정에서 '제2의 명함'이라는 단어를 소장님께 처음 들었습니다. 어린이집 원장을 그만둔다는 상상을 한 번도 해본 적 없이 살았다는 증거인 셈이었습니다.

'맞아, 언제까지 원장을 할 수는 없어, 소장님 말씀처럼 제2의 명함을 준비해야 하는구나!'

어린이집에는 일 년에 두 번 이상 부모교육을 시행해야 합니다. 외부 강사를 모시기도 하고, 원장이 직접 진행하기도 했습니다. 외부 강사의 부모교육을 들으면 때로는 '저 강사보다 내가 교육을 더 잘할 수 있겠는데?'라는 생각이 들었습니

다. '그래, 내 제2의 명함은 강사야. 나는 학부모 대상 교육도 잘할 수 있을 것 같아.'

2019년 코로나 위기 이후에 모든 교육은 비대면으로 이루어졌습니다. 덕분에 교육을 받으러 새벽부터 집을 나서지 않아도 됐습니다. 다양한 강사 자격증을 취득하기 위해 많은 온라인 교육을 듣고, 시연도 하고, 자격시험도 쳤습니다.

30년간 근무했던 유아교육 현장을 떠나 강사가 된 지 4년째인 지금은 일주일에 5일씩 출강을 하기도 합니다. 깜깜한 이른 새벽에 출발해서 4시간을 운전해서 가는 교육도 있습니다. 누군가 어디서든 나를 찾는 곳이라면 기쁜 마음으로 집을 나섭니다. 교육 중에 눈물을 훔치는 분도 있고, 교육을 마치면 기다렸다가 같이 사진을 찍자는 분도 있고, 사인해달라는 분도 계십니다.

제가 교육생들의 마음을 잘 헤아리는 강사가 될 수 있었던 이유는, 아주 어린 영아부터 조부모 육아를 하시는 할머니, 할아버지까지 다양한 연령대의 사람을 대해본 원장 시절의 경험 덕분입니다.

지금도 강사 명함을 내밀 때마다 일찍부터 제2의 명함을 준비하도록 혜안을 갖게 해준 고선하 소장님이 떠오릅니다.

고선해 소장님과 함께 글쓰기를 배워서 개인 저서 한 권, 공저 두 권을 출간했습니다. 크고 작은 도전은 제게 성취감을 안겨 주었고, 이는 자신감으로 이어져 교육학 석박사 과정까지 마칠 수 있었습니다. 현재는 네이버 인물 정보에 작가이자 교수로 등록되어 있습니다. 모든 시작의 중요성을 일깨워 준 고선해 소장님께 감사한 마음을 전합니다.

꿈은 언제나 그 자리에 - 김한송

저는 25년 동안 유아교육자로 살았습니다. 교사와 원장을 하면서 다양한 경험을 했었지요. 고선해 소장님의 강의를 처음 접하게 된 건, 2008년 부모교육 프로그램을 통해서였습니다. 초급과정부터 고급과정까지 열심히 강의를 듣고 공부했던 기억이 납니다. 현장에서 배운 내용을 곧바로 실천하기 위해 어린이집 내에서 강의를 준비하여 진행했고, 그 덕에 학부모님들과 꾸준히 소통할 수 있었습니다. 고급과정을 마무리하는 날, 함께 공부했던 원장님들과 '부모교육 사명 선언문'을 읽으며 다짐과 포부를 선언하자 마음이 요동치기 시작했습니다. 잊고 있었던 꿈들이 그제야 떠올랐거든요. 매일 성장하는 소장님을 보면서, 저도 다시 꿈을 꾸기 시작했습니다.

가슴 뛰는 삶이 시작된 그 순간이 아직도 선명합니다.

소장님의 강의는 생생한 경험과 진심을 담은 소담스럽고 따끈한 밥상이었습니다. 저도 누군가에게 귀한 밥 한 끼를 대접하는 진정성 있는 강사가 되겠다고 꿈꾸며 다짐했습니다.

유아교육을 떠나온 지 5년째, 지금 저는 작가와 강사로서 왕성한 활동을 하는 프리랜서가 되었습니다. 개인 저서 3권, 공저 3권에 이어 전자책까지 출간하며 많은 부모와 교사들을 만나고 있습니다. 그뿐 아니라 강의 영역을 넓혀 MZ 세대 청년들과 미래의 주역이 될 학생들을 만나면서 그들의 삶과 비전을 위해 더 깊이 연구하는 프로 강사로서 자리매김하고 있습니다.

언젠가 책에서 읽었던 글귀가 생각납니다. "꿈은 언제나 그 자리에서 당신을 기다리고 있습니다." 이 문장은 제게 다시 용기와 열정을 가져다주었습니다.

물론, 프리랜서의 삶은 결코 녹록지 않습니다. 나를 나답게 하는 꿈을 구체화하는 과정이기에 끊임없이 정진하며 꾸준히 해내야 합니다. 누군가를 도울 때 내게 감춰진 무한한 가능성과 잠재력이 살아날 수 있음을 기억하며 오늘도 저는 묵

묵히 제 꿈을 향해 흔들림 없이 나아갑니다.

　꿈은 언제나 가까이에서 당신을 기다리고 있음을 기억하셨으면 좋겠습니다. 꿈은 언제나 당신 편임을 잊지 않고 정진하시길 기도하겠습니다.

책을 쓰면서 준비하는 2막 인생 - 이순자

　안녕하세요. 저는 35년째 어린이집을 운영하고 있는 이순자 원장입니다. 2023년 12월, 제 삶에 고비가 찾아왔습니다. 앞으로 어떻게 살아가야 할지 갈피가 잡히지 않아 불안했습니다. 그때 책장에 꽂혀있던 한 권의 책이 눈에 들어왔습니다. 간절했던 마음에 갈급함이 더해지자, 책이 술술 읽혔습니다. 예전에는 책을 한 달에 한 권 읽을까 말까 했는데, 어느새 한 달 만에 열 권도 넘게 읽고 있는 자신을 발견할 수 있었습니다. 그러던 어느 날, 고선해 소장님께서 글쓰기 무료 특강을 추천해 주셨습니다. 저는 곧바로 수강을 결정했습니다. 이제껏 해본 적 없던 글쓰기를 배우면 앞으로 나아갈 길의 방향을 잡을 수 있을 것 같았기 때문입니다.

　어린이집을 충실하게 운영하면서 새로운 아침 루틴을 시작하게 되었습니다. 매일 아침 일찍 일어나 새벽기도를 하고,

6시에는 줌으로 독서모임을 합니다. 책을 읽고 글쓰기까지 마친 뒤에는 출근해 원을 충실히 운영합니다.

긴 세월을 살아오면서 갖가지 일을 겪었습니다. 때로는 거센 바람에 흔들리기도 하고, 추운 겨울을 견뎌야 할 때도 있었습니다. 하지만 그 무엇도 저를 꺾을 수는 없었습니다. 뿌리 깊은 나무는 흔들리지 않는 법입니다. 꿈을 포기하지 않고 끊임없이 정진한 끝에 찬란한 인생 2막이 시작되었습니다. 제 새로운 명함은 작가입니다. 지금은 공저 5권, 개인 저서 1권을 출간했습니다. 앞으로도 꾸준히 책을 읽고 글을 쓸 것입니다. 봉사활동도 시작해 보려 합니다. 좋은 사람들을 만나고 사랑하며, 그렇게 제 인생 2막을 꾸려나가 보려 합니다.

Epilogue

감사행성에 사는 기쁨

'나는 어떻게 여기까지 올 수 있었을까?'

생각해 보면, 그 중심엔 언제나 더 나은 삶을 향한 간절한 열망이 있었다. 하지만 그 길은 결코 평탄하지 않았다. 수없이 흔들렸고, 때로는 무기력에 주저앉기도 했다. 그만하고 싶다는 마음이 고개를 들던 날들도 있었다. 그럴 때마다 나를 다시 일으켜 세운 건, 책을 통한 사색과 감.사.행.성(감사, 사랑, 행복, 성장)이었다.

감사의 힘을 믿는 사람들 가운데 나는 당당하게 대표 주자라 할 수 있다. 앞에서도 언급했듯이 "감사는 축복의 수도꼭지다."라는 말을 습관처럼 하며 사는 사람이다. 감사로 시작된 축복의 물줄기는 내 삶의 갈라진 틈을 촉촉하게 적시고도 남아 내 안을 가득 채워주었다. 어느새 흘러넘친 축복은 커다란 강을 이루어 다른 이들까지 적셨다. 내가 시작한 '감사 챌린지'는 지금 전국의 유아교육기관 곳곳에서 조용한 변화를 일으키고 있다. 감사의 힘을 믿고 실천하는 이들이 하나둘 늘어갈 때마다, 말로 다 표현할 수 없는 벅참을 느낀다. 내가 받은 복을 나누면서 또 다른 감사를 낳는 순환의 삶을 살아갈 수 있어 감사하다.

사랑받기 위해 태어난 사람, 그러나 어린 시절의 나는 늘 사랑에 목말라 있었다. 새엄마의 정성 어린 노력도, 아빠의 미안함이 섞인 사랑도 내 마음을 다 채우지 못했다. 늘 어딘가 허기졌고 외로웠다. 유치원 교사가 되어 아이들에게서 무조건적인 사랑을 받고, 따뜻하고 든든하게 나를 지지해 주는 남편의 사랑을 받으며 조금씩 회복되었다. 무엇보다 하나님의 크신 사랑이 내 삶을 환히 비춰주는 등대가 되어 주었다. 지금은 확신한다. 나는 사랑받기 위해 태어났고, 이제는 받은 사랑을 아낌없이 나눌 수 있는 사람이 되었다고.

"**행**복은 어디에 있습니까?"

누군가 이렇게 묻는다면, 나는 1초의 망설임도 없이 대답할 수 있다.

"행복은 제 안에 있습니다."

사랑하는 가족과 함께하는 화목한 일상, 내가 좋아하는 일을 하며 살아가는 지금의 삶 자체로 행복하고 충분히 만족스럽다. 행복은 누군가가 건네는 선물이 아니다. 스스로 찾아내야 하는 삶의 조각이다. 햇살 한 줌, 고운 말 한마디, 누군가의 미소처럼 행복은 일상의 모든 순간 속에 숨어 있다. 그것을 알아보는 눈을 가질 때 비로소 우리는 행복 속에 살아가고 있음을 깨닫게 된다.

성장은 나를 기쁘게 한다. 나는 매일 1%라도 성장하는 삶을 꿈꾼다. 그래서 늘 배우고, 실천했다. 배움이 필요하다고 느끼면, 교육비나 거리에 상관없이 어디든 찾아가 배우고 익혔다.

출산을 일주일 앞둔 시점에도 강의를 들으러 간다는 나에게 남편은 걱정스러운 얼굴로 달했다.

"자기야, 강의장에서 진통 오면 어쩌려고 그래…"

그 말과 표정이 33년이 지난 지금도 생생하다. 배움의 길을 멈추지 않았기에 이제는 함께 성장하는 이들의 길잡이가 되었다. 팀원들과 함께 책을 읽고, 명언을 나누고, 감사일기를 쓰는 시간 속에서 서로의 성장이 느껴질 때, 나는 말할 수 없는 보람을 느낀다.

'감사', '사랑', '행복', '성장'이라는 네 단어는 내 인생을 단단하게 지켜준 말들이다. 나는 '감.사.행.성'에서 산다. 감사로 희망의 씨앗을 심고, 사랑으로 뿌리내리며, 행복을 널리 전파하여 피워낸 꽃은 성장으로 열매 맺어 세상에 유익을 준다.

내가 걸어온 이 길이, 갈림길에 선 누군가에게 다음 걸음의 이정표가 되기를 바란다. 더 나은 삶은 멀리 있는 것이 아니다. 오늘 내딛는 한 걸음 속에 있다.

이 책을 덮는 당신의 마음속에 '그래, 나도 한 걸음 내디뎌볼까?' 하는 작은 용기가 피어나기를.

감사글

진심을 담아,
감사의 마음을 전합니다

　강사 데뷔 20주년을 맞이하여 잠시 걸추어 걸어온 길을 되돌아보았습니다. 굽이굽이 험한 길을 걸어가며 힘든 순간도 있었지만, 가슴 벅찬 순간들이 더 많았습니다. 제가 여기까지 즐겁게 달려올 수 있었던 가장 큰 이유는 많은 사람의 지지와 응원 덕분입니다

　2004년, 저를 믿고 강단에 세우셨던 D 연구소 소장님께 강의를 마칠 때마다 "저를 믿고 세워주셔서 감사합니다."라고 인사를 드렸습니다. 그러자 소장님이 답하셨습니다.
　"무대에 오를 기회를 드렸던 건 제가 맞지만, 그 이후부터는 하나님이 세우신 겁니다. 그러니 저에게 고맙다는 말은 이제 그만하셔도 돼요. 대신 그 사명을 잘 감당하시고, 고객들에게 감사하세요. 원장님을 꾸준히 찾아주신 덕에 계속해서 강의를

이어 나갈 수 있는 거니까요."

  원장일 때는 제가 잘나서 원 운영을 잘한다고 생각했는데, 강사를 하면서는 하나님이 저를 세우셨음을 느끼는 순간이 많았습니다. 부족한 저를 세워주신 하나님과 하나님이 세워주셨음을 깨닫게 해주신 소장님께도 진심으로 감사드립니다.

  다음으로 감사할 분들은 저의 고객들입니다.
  강사는 찾는 이들이 없으면 아무리 좋은 콘텐츠가 있어도 무대에 설 수 없습니다. 원장님들께서 저의 강의를 들어주셨기에 20년이라는 긴 시간을 달려올 수 있었습니다. 아이처럼 순수한 눈빛과 마음으로 늘 지지해 주시고 응원해 주심에 감사드립니다.

  멋진 성장을 보여준 우리 연구원들에게도 감사합니다.
  개인의 성장이 연구소의 성장이라 믿으며 연구원들과 함께 다양한 강의를 수강했습니다. 크리스토퍼 리더십 10주 강의부터 감사일기, 명언 산책, 독서모임까지. 소장의 욕심에 투덜거리지 않고 기꺼이 함께하며 멋지게 성장해 주었습니다.

  정성껏 추천사를 써주신 이민규 교수님께도 진심으로 감사드립니다.
  2024년 12월에 진행했던 <이민규 교수와 함께하는 명언 산책 프로젝트>에서 "2025년 6월까지 개인 저서 초고를 완성하지 않으면, 책을 출간하는 시점까지 연구소 경영을 멈추겠습니다."라고 선언했습니다. 교수님께서는 제 공개 선언을 기억하시고 여러 번에 걸쳐 연락을 주셨습니다.

"소장님, 잘 지내시나요? 출간 준비는 잘 되어가겠죠? 멀리서 지켜보고 응원하고 있습니다." 교수님이 지켜브신다는 이야기에 더 집중하고, 응원하신다는 말에 힘을 낼 수 있었습니다. 감사합니다.

2막 인생 사례를 나누어주신 김한송, 이슨자, 정영혜 작가님께도 감사드립니다.

세 분의 스토리는 "늦은 시작은 없다. 2막 인생을 살 수 있었던 것은 특별해서가 아니라, 준비하고 도전했기 대문에 가능했다."라는 메시지를 담아, 독자분들에게 '무엇이든 다시 시작할 수 있다'는 믿음을 주셨습니다. 2막 인생을 준비하게 된 배경과 현재 살고 계신 삶을 진솔하게 써주셔서 감사합니다.

편안하게 글을 쓸 수 있도록 많은 배려를 해준 남편에게 감사합니다.

"자기야, 잘 잤어? 주말인데 조금 더 자지. 무리하지 말고 쉬면서 해. 건강이 먼저야." 남편이 나에게 닿이 하는 이야기 중 하나입니다. 늘 따뜻한 언어로 힘을 주고 어떤 상황에서도 내

편이 되어주어 든든합니다.

언제나 밝은 에너지로 나에게 힘을 주는 아들에게도 감사합니다.

"제 주위에서 가장 일을 즐겁게 하며 닮고 싶은 사람을 뽑으라고 하면 전 1초의 망설임도 없이 엄마를 뽑을 거예요. 늘 멋지게 사시는 모습 정말 존경합니다. 엄마에게 부끄럽지 않은 아들이 될게요." 얼마 전 생일에 아들이 써 준 편지 내용 중 일부입니다. 멋진 모습으로 성장하여 연구소에서 자신의 역량을 잘 발휘하고 있어 자랑스럽습니다.

멋진 딸과 함께 퇴고할 수 있었음에 감사합니다.

이 책을 퇴고하는 과정에서 딸의 도움을 받았습니다. 논리적이고 꼼꼼한 딸 덕분에 책의 완성도를 높일 수 있었습니다.

이은대 작가님께도 감사드립니다.

"당신의 아픔과 경험이 세상에 도움을 줄 수 있습니다. 공자님 이야기 쓰지 말고 당신의 이야기를 쓰세요."

저의 글이 누군가에게 위로와 도움이 될 수 있다는 확신을 갖게 해주셔서 용기 내어 제 이야기를 쓸 수 있었습니다.

공감s 출판사 공준식 대표님과 관계자 여러분께 감사드립니다.

"작가님, 책에 실린 스토리 모두 좋은데요! 더 나은 삶을 살고자 애쓰는 이들에게 많은 도움이 되리라 믿습니다. 작가님의 진심을 담아 멋지게 만들어 보겠습니다."라며 저를 믿어 주시고, 이 책이 세상에 나올 수 있도록 도와주셔서 감사합니다.

  이 책을 마무리하는 지금, 일일이 열거할 수 없을 만큼 많은 분이 떠오릅니다. 그분들을 생각하는 것만으로도 마음이 따뜻해집니다. 20년이라는 시간 동안 강의를 계속할 수 있었던 건, 함께해준 사람들 덕분입니다. 그 사랑과 응원을 기억하며, 저 역시 누군가의 발걸음을 응원하는 마음으로 살아가겠습니다.

  마지막으로, 이 글을 끝까지 읽어주신 독자님께도 깊이 감사드립니다. 당신의 소중한 시간을 제 이야기에 내어주셨다는 사실만으로도, 저는 참 큰 힘을 얻습니다. 제가 살아온 시간이 당신의 삶에 따뜻한 격려가 될 수 있다면, 더없이 기쁘겠습니다.

더 나은 삶은
오늘의 한 걸음에서 시작된다

© 고선해

발행일	2025년 8월 30일
지은이	고선해
발행인	공준식
발행처	공감s
주소	부산광역시 서구 송도해변로21 101동 1002호

기획·편집	공준식, 송다감
책임편집	오경란
마케팅	고민수
디자인	서승연

출판등록 2023년 4월 20일 | 제331-2023-000009호
E-mail dreamss91@naver.com
대표전화 010-6759-5115

ISBN 979-11-93737-34-7 (03190)

- 공감s는 주식회사 드림쉐어스 출판 브랜드입니다.
- 이 책은 저작권법에 따라 보호를 받는 저작물이므로 무단 전재와 무단 복제를 금합니다.